AF493897

pérature de la serre à zéro, parce qu'il suffit qu'il n'y gèle pas. Plus de chaleur, en effet, ferait pousser les pois, et ils s'étioleraient.

Quand la saison s'est adoucie, on les sort le plus souvent possible, et en février, on les place sur des couches sourdes, préparées à bonne exposition, et dans le fumier desquelles on aura mêlé un peu de tan, pour augmenter et maintenir la chaleur. On enterrera les paniers dans le terreau de la couche, et l'on mettra entre eux une distance de six pouces. Nous croyons inutile de dire que, avant de les y placer, on aura dû laisser passer la grande chaleur, qui pourrait brûler les racines. Les pois alors ne tarderont pas à fleurir, et, pour les hâter encore davantage, on les pincera à deux ou trois fleurs. On aura soin aussi, en cas de gelée, de les couvrir avec des paillassons, que l'on formera en voûte, à l'aide de cerceaux et de quelques lattes, et, si l'on ne néglige pas les précautions nécessaires, ils fructifieront dès les premiers jours d'avril.

On sèmera, pour avoir des pois à l'arrière-saison, les michaux, dans des paniers, à la fin d'août, ou dans les premiers jours de septembre, en ayant l'attention de les arroser de deux en deux jours, si la saison est sèche. On les ramera, quand ils auront cinq à six pouces, et, au commencement des gelées, on les rentrera dans la serre, d'où on les sortira, chaque fois que le temps le permettra. Ils fructifieront, depuis les premiers jours de novembre, jusqu'à la fin de décembre.

L'ART
D'EMPÊCHER LES CHEMINÉES
DE FUMER.

L'ART
D'EMPÊCHER LES CHEMINÉES
DE FUMER,

ET

DE CHAUFFER ÉCONOMIQUEMENT
TOUTE ESPÈCE D'APPARTEMENS;

OUVRAGE

Où l'on traite des théories des anciens et modernes caminologistes sur les causes et les remèdes de la fumée; des défauts des cheminées, des moyens de les corriger; des mîtres doubles et simples, des gueules de loup et généralement de tout ce qui a rapport aux cheminées;

ET OU L'ON ENSEIGNE

Des moyens économiques et simples pour chauffer les petits et grands appartemens, à l'aide du bois, de la houille et de la tourbe; l'usage des grilles; les méthodes de chauffage adoptées en Allemagne; les procédés de Tredgold usités en Angleterre pour chauffer, aérer les grandes et petites pièces; etc., etc., etc.

PAR GÉRARD, FUMISTE.

PARIS,
AUDIN, libraire, quai des Augustins, n° 25;
LECOINTE et DUREY, libraires, même quai, n° 57;
PONTHIEU, libraire, Palais-Royal;
CHARLES BÉCHET, libraire, quai des Augustins;
DUPONT et Compagnie, libraires, rue Vivienne, n° 59.

LEIPZIG,
PONTHIEU et compagnie, libraires.

1828.

L'ART D'EMPÊCHER
LES
CHEMINÉES DE FUMER,
ET
DE CHAUFFER ÉCONOMIQUEMENT LES APPARTEMENS.

CHAPITRE I.

Des cheminées en général. —Ventouse, languette, mitres. — Des registres, séparations dans les cheminées, pour allumer divers feux.—Moyens généraux pour empêcher l'infiltration des eaux pluviales.—Des cheminées en plâtre. —Des mitres en plâtre et de leurs dangers. —Mitres de M. Fougerolles.

La plupart des cheminées des maisons d'habitation se composent de conduits rectangulaires dont les dimensions, en général peu convenables, ont été, dans plusieurs grandes villes, déterminées par des réglemens administratifs. Ces conduits, beaucoup trop grands, opèrent un tirage si fort, qu'il se produit dans les appartemens une véritable ventilation; de là, une perte de chaleur considérable, des courans déréglés; et souvent, lorsque les joints ou fentes des portes et des fenêtres ne laissent pas à l'air appelé du dehors un passage suffisant, il s'établit dans le conduit de la cheminée un tirage du haut en bas qui peut suppléer au manque d'air; mais il en résulte qu'une partie de la fumée est entraînée dans l'intérieur des chambres. Pour remédier à cet inconvénient, les fumistes pratiquent des conduits particuliers nommés *ventouses*, qui amènent l'air du dehors.

Quand l'air extérieur ne peut être tiré par les parties latérales ou inférieures du foyer, on le fait venir du haut en formant un conduit dans la cheminée même au moyen d'une *languette*; mais, outre la perte de chaleur que ces dispositions occasionent, on éprouve le désagrément de ressentir près du foyer un courant d'air froid. Si l'on veut diminuer l'activité du courant, il faut rétrécir le passage de la cheminée, soit dans toute la longueur du conduit, soit seulement à la partie supérieure, à l'aide de quatre planches en plâtre inclinées en forme de trémie, et que l'on nomme *mitres*, soit, et mieux encore, près du foyer, ainsi que cela a lieu pour les cheminées à la Rumfort, à la Désarnod, les poêles et tous les caloriques en général. Ces derniers, comme tous les fourneaux des usines, remplissent encore une condition plus favorable, puisqu'ils peuvent ne laisser à l'air qu'un accès proportionné à la quantité que le combustible exige pour être brûlé complètement.

Beaucoup de cheminées sont construites en plâtre, d'autres en poterie de terre. Ces constructions sont vicieuses et causent de fréquens incendies. En effet, lorsque la suie amassée dans ces conduits vient à prendre feu, la haute température, développée tout-à-coup, fait fondre ou tomber en éclats les matériaux qui forment leurs parois; bientôt la flamme pénètre jusqu'aux pièces de bois les plus voisines; le feu gagne ensuite rapidement toutes les parties de l'édifice par toutes les issues.

Des ordonnances prohibent, dans les grandes villes, ces constructions dangereuses. Des cheminées en briques les remplacent aujourd'hui; le feu peut y prendre sans causer aucun dommage immédiat; le péril n'existe qu'au dehors, les flammèches qui s'élancent des conduits embrasés pouvant être portées au loin sur quelques matières très-combustibles quand le vent souffle avec violence. C'est pour éviter ce grave inconvénient que des ordonnances prescrivent le ramonage des cheminées.

L'architecte-inspecteur de la Bourse a inventé des briques montées en une forme telle que quatre assemblées laissent au milieu d'elles un conduit cylindrique de neuf à dix pouces de diamètre. Il en faut de deux modèles pour que les joints se trouvent coupés en posant les assises les unes sur les autres.

Les cheminées construites de cette manière sont plus faciles à ramoner que celles qui sont anguleuses. Il suffit d'y faire passer à plusieurs reprises un petit fagot d'épines qui frotte toutes les parois intérieures ; pour cela, on l'attache au milieu d'une corde. Un homme en saisit un bout au bas de la cheminée et fait descendre le fagot : un autre, placé à la partie supérieure, tire l'autre bout de la corde et attire le fagot à lui. On continue cette manœuvre jusqu'à ce que la suie soit entièrement détachée [1] ; on se sert aussi de ce moyen pour ramoner les cheminées rectangulaires étroites, et surtout celles des usines ; mais il reste ordinairement une quantité plus ou moins grande de suie dans les encoignures, et le feu peut se manifester encore après un tel ramonage.

On emploie depuis quelque temps dans la construction des cheminées cylindriques des tuyaux en fonte. Cette forme présente de grands avantages :

1°. Une plus grande solidité dans la construction.

2°. Dans les différences de température, les retraits et les dilatations rapides s'opèrent d'une manière uniforme, en sorte que la fonte est peu sujette à se casser.

3°. Cette construction est utile lorsqu'on veut profiter d'une partie de la chaleur que les gaz de la combustion emportent dans la cheminée. On sait, en effet, que la chaleur traverse bien plus facilement la fonte que la brique ou le plâtre : ces matériaux sont d'ailleurs toujours beaucoup plus épais.

On place ordinairement sur le haut des chemi-

[1] On emploie en Angleterre, pour ce genre de ramonage, un balai cylindrique.

nées des mitres en plâtre ou en terre cuite pour éviter les refoulemens que le vent occasione, ou des têtes à girouettes qui représentent au vent l'issue de la fumée. Ces dispositions ne sont pas utiles lorsque les cheminées sont assez élevées. On peut alors les remplacer avec avantage par une calotte ou plaque en tôle légèrement courbée, soutenue horizontalement à quarante ou quarante-cinq centimètres de l'issue de la cheminée par trois ou quatre montans. Cette feuille de tôle empêche les eaux pluviales de pénétrer dans la cheminée, et les rayons du soleil de s'opposer à la sortie de la fumée.

Il vaut mieux avoir une cheminée trop large que trop étroite. Dans le premier cas, il est facile de diminuer le passage à l'aide d'un *registre ;* on nomme ainsi une plaque de tôle glissant dans une rainure, à l'aide de laquelle on peut fermer complètement la cheminée ou laisser un passage plus ou moins grand. Les cheminées dont le conduit intérieur est plus large qu'il ne serait nécessaire, permettent dans les vents forts quelques oscillations à leur partie supérieure, qui ne se font pas sentir jusqu'au foyer, soit que l'effet de la dépression soit moindre, étant supportée par une plus grande masse, soit que cet effet n'ait lieu que dans une partie de la cheminée, tandis que le courant ascensionnel continue dans une autre partie.

On peut, dans une usine, réunir en un seul corps de cheminée les conduits de fumée de plusieurs fourneaux. Cette disposition présente des avantages qu'il est facile d'apprécier; elle procure, à hauteur égale, une économie marquée, comparativement à la construction de plusieurs corps de cheminée séparément. Cela est d'autant plus sensible, que l'élévation au-dessus des bâtimens est plus considérable, parce que, dans ce cas, on est obligé, pour chaque petite cheminée, d'ériger une forte maçonnerie capable de la soutenir.

Une vaste cheminée qui reçoit le produit de plusieurs feux peut, au contraire, être entièrement isolée des bâtimens; quoique élevée à une grande hauteur, on la construit sans ces échafaudages extérieurs, dont l'érection est toujours fort longue et très-coûteuse.

Il suffit de quelques planches soutenues par des boulins placés de distance en distance dans les trous que les maçons laissent en construisant, comme on le fait pour les puits. Un maçon anglais accoutumé à ces constructions, aidé d'un *garçon* qui lui donne les briques et le mortier, peut élever en quinze jours, sans *échafaudages* extérieurs, une cheminée rectangulaire pyramidale de 40 pieds de hauteur, ayant à sa base 5 pieds 8 pouces extérieurement et 2 pieds 8 pouces intérieurement. Pour la facilité de la construction et la solidité de cette cheminée, il ménage en dedans 3 retraites successives.

Il est nécessaire de donner à la maçonnerie de ces cheminées une forte épaisseur, par le bas surtout; elles ont plus de solidité et conservent mieux la chaleur. On voit en Angleterre de grandes cheminées, dans des fabriques importantes, réunir plus de cent feux par des conduits souterrains.

On a adopté aussi ce mode de construction en France, et l'on a reconnu l'inutilité de pratiquer dans un corps de cheminée autant de séparations que l'on y amenait de feux différens.

Il suffit que la section de la grande cheminée, commune à plusieurs conduits, soit égale à la somme des sections de ceux-ci. Par exemple, supposons que l'on veuille élever une cheminée commune à 4 fourneaux, dont chacun aura un conduit particulier équivalent à un carré de 0^{m} 25 de côté, ou dont la surface de la section (ou le passage) sera de 625 centim. carrés, les 4 formeront ensemble une surface de section ou un passage égal à $4 + 625 = 2500$ centim. Si la grande cheminée est carrée, il faudra que le côté du carré intérieur soit égal à $\sqrt{2500}$ ou 50 cent.

Lorsque les produits de la combustion opérée dans un foyer doivent suivre un long conduit horizontal, ou même redescendre pour aller gagner une cheminée ascendante, on est souvent obligé, pour déterminer le tirage, d'allumer un *feu léger* au pied de cette cheminée.

Quelques copeaux de bois, une poignée de paille, ou des feuilles de papier, suffisent pour obtenir l'effet utile.

On conçoit qu'il suffit de produire le premier mouvement, sans lequel les produits de la combustion dans le foyer éloigné étant plus légers que l'air du grand conduit horizontal ou descendant, ne pourraient traverser ce conduit pour arriver à la cheminée montante, tandis que l'air de celle-ci une fois mis en mouvement par la flamme qui l'a échauffé, doit être remplacé par l'air du conduit. On augmente ce tirage en fermant la porte ménagée au pied de la cheminée, et par laquelle on a introduit les corps enflammés et combustibles.

Cette précaution n'est pas ordinairement utile lorsque la cheminée est chauffée, même après quelque interruption, parce qu'il y reste un courant ascensionnel. Il n'arrive pas souvent non plus qu'elle soit nécessaire lorsque plusieurs conduits se rendent dans la même cheminée, parce qu'il suffit qu'un seul des feux soit entretenu pour que le tirage ait lieu constamment. Il faut, au reste, fermer le registre d'un conduit particulier lorsque le foyer correspondant n'est pas allumé.

Pour conserver ces hautes cheminées et toutes les cheminées en général, il faut empêcher toute infiltration des eaux pluviales par la partie supérieure; on y parvient aisément, en plaçant sous les trois derniers rangs des briques une plaque en cuivre d'une dimension égale à la section extérieure de la cheminée, et percée au milieu d'un trou égal au passage intérieur de la cheminée.

On réussit aussi bien, et plus économiquement, en posant l'avant-dernier rang de briques sèches sur une couche de *mastic bitumineux*, liquéfié, que l'on force par une légère pression à monter dans les différens joints de la cheminée.

La flamme est un fluide léger composé de substances combustibles vaporisées, dans l'état d'ignition, et entraînées dans un même courant avec l'air qui sert à la combustion.

Ce fluide, plus léger que l'atmosphère, s'élève au milieu d'elle avec une force et une rapidité proportionnées à la différence de leurs pesanteurs spécifiques. On peut mesurer la force de son ascension, voici comment s'y prit Clavelin.

Il fit construire une balance dont le fléau est long de 4 pieds, et d'un degré de sensibilité, qui la fait trébucher de 1 quart de grain.

Un des bassins plonge dans la flamme du foyer, et ce bassin est un plan de tôle de 6 pouces en tous sens, donc de 36 pouces carrés de surface. On charge ce bassin de divers poids, pour le contenir dans l'équilibre; et la quantité de poids nécessaire pour cet effet est la mesure de la force avec laquelle le courant enflammé s'élève dans l'atmosphère.

Nous ne parlerons pas d'une première expérience que Clavelin fit avec des réchauds formées de fils de fer, et qu'il superposait les uns aux autres dans l'intention d'augmenter l'impulsion de la flamme des réchauds supérieurs, par celles des autres réchauds au-dessous. Il observa lui-même tous les défauts de cette expérience, et remarqua que, quoiqu'on eût mis les uns au-dessus des autres une certaine quantité de pareils réchauds, l'impulsion diminua au lieu d'augmenter, tant à cause de la résistance que la flamme des réchauds inférieurs éprouve de la part des réchauds supérieurs, qui la forcent à s'écarter de la direction verticale, que parce que la fumée des réchauds inférieurs rend l'ignition moins rapide dans les réchauds supérieurs.

Mais Clavelin ayant établi sa balance dans le foyer d'une cuisine, dont il alimentait le feu de manière à donner successivement à la flamme depuis 1 jusqu'à 6 pieds d'élévation, le bassin étant réellement placé dans cette flamme, il observa les impulsions croissantes à mesure qu'elles acquiéraient à la fois plus de force et d'élévation.

Il remarqua que la flamme, étant élevée d'un pied seulement, enlève un poids de 2 gros 66 grains; puis il dressa une table de poids, successivement enlevés lorsque la flamme s'élève d'un pied de plus.

Il résulte de cette table une augmentation progressive de force, dont nous trouvons que l'évaluation moyenne est de 2 gros 8 grains et $\frac{2}{3}$ par chaque pied. Clavelin en conclut l'extrême augmentation de force que doit acquérir la flamme, lorsque l'effet nécessaire du rétrécissement des tuyaux doit augmenter la force d'impulsion du courant d'air.

La police des cheminées est un des points les plus importans à la sûreté publique; c'est ce qui a déterminé les réglemens sages auxquels les constructions étaient obligées de se conformer; ceux de 1712 et de 1723 fixent sagement les dimensions des tuyaux de cheminée à trois pieds de long sur dix pouces de large dans œuvre ; les tuyaux de cheminée de cuisine des grandes maisons, des hôtels garnis, doivent avoir quatre pieds de long sur dix pouces de large, et être construits en briques avec des fentons de fer de distance en distance.

Les inconvéniens qui naissent de ces dispositions ont pu être moins sensibles dans un temps où les cheminées se construisaient seulement en briques, où l'on s'occupait peu de l'économie combustible, où les appartemens étaient distribués pour y entretenir de grands foyers. Mais aujourd'hui la plupart de nos cheminées sont construites en plâtre, leur adossement les unes aux autres, les matériaux qu'on y emploie, les ouvrages même que l'on y ajoute pour corriger le vide de leurs dimensions, en hâtent la ruine et exposent à de grands accidens. Voyons ces accidens :

1°. *Les cheminées en plâtre n'offrent point de solidité ;* les meilleurs ouvriers conviennent qu'il faut les reconstruire tous les vingt ou vingt-cinq ans au plus. Le plus souvent, sans attendre ce terme, on est obligé de les réparer, de remailler les écaries qui se détachent, de boucher les crevasses qui s'y forment.

2°. *Elles ne donnent point de sûreté.* Ce n'est pas seulement dans la partie qui s'élève hors des toits qu'il se forme des crevasses dans leurs parois, presque toujours recouvertes de lambris, de papiers de tenture, etc., etc. ; en sorte qu'on n'est averti que quand la fumée commence à prendre sa route et à faire un ravage considérable, surtout par les traces qu'elle laisse sur son passage. Ces dégradations sourdes sont si communes, même dans des cheminées construites ou refaites depuis peu d'années, que l'on ne peut trop admirer que les incendies qu'elles peuvent occasioner ne soient pas plus fréquens.

Le plâtre est la matière la moins propre à construire des cheminées, quand elle n'est pas simplement employée à assembler et revêtir les matériaux d'une plus grande solidité ou tenacité; l'eau des pluies et celle qui s'élève avec la fumée l'attaquent très-promptement; la chaleur de l'intérieur lui fait éprouver une dessiccation, ou, pour mieux dire, un commencement de calcination qui détruit insensiblement la liaison de ses différentes parties.

Ce n'est pas tant parce que les tuyaux en plâtre coûtent moins que ceux en briques, que l'on adopte ce genre de construction; ce qui détermine cette préférence, c'est la commodité qu'il présente pour construire avec moins d'épaisseur, pour placer plusieurs tuyaux sur une même ligne, pour les dévoyer sans les soutenir hors de leur aplomb, pour les adosser enfin les uns aux autres, sans faire de trop grandes saillies dans les appartemens; lors même qu'au contraire les cheminées en briques ont de 7 à 8 centimètres de largeur (comme on en voit encore dans les anciens bâtimens), on aurait toute facilité de les disposer sans gêne et surcharge des murs.

C'est donc toujours la largeur fixée par les anciens réglemens qui s'oppose à un genre de construction plus solide, et en même temps moins dangereuse.

3°. *Les cheminées construites sur ces dimensions sont très-sujettes à fumer.* Il n'y a véritablement qu'un moyen de se garantir de la fumée, qui convient à toutes les localités; c'est la réduction des tuyaux de conduite à des dimensions telles qu'ils soient en proportion de la masse des vapeurs fuligineuses qu'ils doivent recevoir, qu'ils ne soient pas assez resserrés pour donner lieu dans aucun temps à la poussée par la chaleur, qu'ils ne soient pas assez grands pour qu'il puisse s'y établir deux courans, l'un ascendant, l'autre descendant, pour que les vapeurs et les gaz à demi condensés ne deviennent pas incapables de résister à la pression de l'atmosphère, à l'impulsion du moindre vent.

Ces principes, qui ont été méconnus lors de la rédaction des réglemens, paraissent encore ignorés des constructeurs. S'agit-il d'échauffer l'anti-chambre, c'est-à-dire la plus grande pièce de la maison, où le feu est communément le premier allumé et le dernier éteint? on place un gros poële dans une niche, et l'on ne donne d'issue à la fumée que par un tuyau de 4 à 5 pouces de diamètre, tandis que dans d'autres pièces moins vastes, où l'on ne consomme pas souvent la moitié de bois, la fumée est reçue dans un canal de 3 pieds de long sur 10 pouces de large, c'est-à-dire de 17 fois plus de capacité. On ne saurait assigner aucun motif plausible d'une aussi énorme différence; il faut le chercher dans la gêne imposée par les réglemens pour les cheminées, et dans la liberté que laisse leur silence sur les poëles;

4°. *Les moyens pratiqués pour se garantir de la fumée, c'est-à-dire pour corriger le vice de construction des cheminées, sont en opposition directe avec les dispositions des réglemens qui en prescrivent les dimensions.*

Le remède le plus généralement employé sont les ventouses, c'est-à-dire le rétrécissement du tuyau par une cloison mince que l'on pratique dans l'intérieur, le plus souvent jusqu'à la hauteur du toit, ou du moins jusqu'au grenier. On croit que l'effet de cette construction est de ramener dans l'appartement l'air que ce conduit reçoit d'en haut par une petite ouverture latérale. Il est bien plus dans la diminution de la capacité du tuyau.

On peut en avoir la preuve lorsqu'on bouche l'orifice inférieur d'une ventouse, ce qui arrive souvent, soit en changeant la forme des âtres, soit pour n'avoir plus à supporter l'incommodité d'un torrent continuel d'air froid. Que sert donc d'exiger une longueur aussi disproportionnée dans la première construction de ces tuyaux, si on laisse la faculté de la réduire, s'il est démontré par une expérience journalière que, malgré le rétrécissement, l'on peut y entretenir un aussi grand feu, que le service des ramoneurs s'y fait tout aussi commodément et même plus sûrement? cette défense est donc sans objet.

Lorsqu'on surmonte une cheminée de tuyaux plus ou moins élevés de poterie ou de tôle, de 12 à 15 centimètres de diamètre, on ne fait autre chose que réduire le conduit de la fumée à des dimensions qui ne peuvent plus admettre une colonne descendante.

5°. *Les moyens les plus généralement employés pour corriger le vice de la première construction contribuent à en diminuer la solidité et donnent lieu à de grands accidens.*

Les ventouses doivent encore être mentionnées ici en premier ordre, car quelle solidité peut-on donner à de larges et minces carreaux de plâtre, qu'on est obligé de placer après coup dans un tuyau de 10 pouces, dont il faudrait crever un côté pour les loger dans des écharpemens, et qu'on ne fixe que par un léger jointoyement sur des parois à peine dépouillées de suie?

Les crevasses, les déjoints, ne tardent pas à s'y former par l'action de la chaleur et des vapeurs aqueuses. Que la fumée prenne cette route, il s'y dépose à la longue de la suie que le ramoneur ne peut faire tomber, et à la première étincelle, voilà un foyer d'autant plus dangereux que la flamme est portée par le trou de la ventouse plus près de la charpente, quelquefois même au-dessous du toit.

Les longs tuyaux que l'on place au-dessus des cheminées ne sont pas eux-mêmes sans danger, par la négligence avec laquelle on les établit sans les assurer suffisamment contre le vent. Mais ce qui menace incessamment les passans, dès que le vent est un peu fort, ce sont ces mitres formées de quatre planchettes de *plâtre* assemblées en trémie renversée, que l'on croit bien scellées par un peu de plâtre liquide, comme si l'expérience n'offrait pas tous les jours la preuve qu'il ne fait qu'adhérer sans prendre corps avec des surfaces sèches et unies. On n'a pas même l'intention de maintenir ce frêle assemblage par une ceinture qui en embrasse toutes les parties; quelques-uns ajoutent seulement aux deux extrémités une sorte de demi-cadre de petit fer, qui se détache de lui-même dès qu'il a reçu l'impression de la rouille.

Dangers réels des mitres en plâtre.

Aux époques des grands vents, beaucoup de gens prudens, surtout les riches, regardent comme dangereux de sortir de leurs maisons, dans la crainte que leur inspire la chute des cheminées; c'est presque de celle des mitres ou des deux tuiles dont on veut parler.

Qu'importe, au surplus, qu'un accident arrive par une masse plus ou moins considérable? Le résultat doit toujours être le même, et la légèreté des mitres en plâtre, offrant au vent moins de résistance que ne font par leur poids celles en grès, ajoute aux chances des accidens et les multiplie à l'infini.

Si aux coups de vent succèdent des neiges et des gelées qui empêchent de monter sur les toits, on ne peut alors réparer les cheminées que fort difficilement au moins, et l'on est privé de feu précisément dans le temps de l'année où il est le plus nécessaire. Souvent l'accident se borne à la chute des deux tuiles qui, étant légèrement fixées par un enduit de plâtre, tombent l'une sur l'autre comme un château de cartes, et ferment l'orifice des tuyaux. Tels sont, sous le rapport de l'usage, les reproches que l'on peut faire aux mitres de plâtre; il reste à les considérer sous celui de l'économie: la mitre de *léger ouvrage* en plâtre se paie en raison de 7 francs 50 centimes, ce qui porte la valeur des trois mitres qu'on voit sur la plupart de nos cheminées à 15 francs : il faut y ajouter les *fentons* en fer, à raison d'un franc chaque; valeur totale des trois mitres, *dix-huit francs nets*.

Le prix de celles en terre cuite, en y comprenant la pose, n'est que de 6 francs 50 centimes par mitre, ce qui fait 19 francs 50 centimes pour les trois mitres.

Différence réelle, 1 franc 50 centimes.

Mais, outre les inconvéniens que présente l'emploi des mitres en plâtre, elles ne peuvent durer que peu d'années, car elles n'offrent pas plus de résistance aux variétés de la température qu'aux efforts des coups de vent; d'ailleurs on les construit souvent d'une manière si légère, si économique pour l'entrepreneur, si dispendieuse pour le propriétaire, qu'elles ne se conservent guère plus d'un an ou deux ans.

Il faut cependant convenir, comme l'a très-bien remarqué M. le comte Gillet-Laumont, que les mitres en plâtre coulées d'une seule pièce, quoique sans fentons, sont préférables à celles formées de plusieurs pièces; mais elles n'en sont pas moins incapables de résister aux pluies, aux gelées, aux coups de vent, et lorsqu'elles viennent à se fêler, elles sont emportées en grandes portions qui, dans leur chute, peuvent causer les plus funestes des accidens.

Nous sommes d'avis qu'il n'en peut être de même de celles en terre cuite. Lorsqu'elles sont bien fabriquées et bien scellées sur les âtres des cheminées, elles doivent joindre alors au mérite d'une grande solidité celui d'être d'une longue durée; c'est aussi ce qui les a fait adopter par plusieurs architectes habiles et de réputation à Paris.

Les mitres de M. Fougerolles ont depuis quelque temps obtenu une grande réputation : la terre cuite dont elles sont formées, éprouvée au marteau, ne s'échauffe point et offre la plus grande résistance; elle est composée d'environ un huitième de sable sur sept huitièmes de terre argileuse.

Les quatre grandeurs les plus usitées, et telles qu'elles sont en vente dans le magasin du sieur Fougerolles, donnent les proportions suivantes :

grandeur,	hauteur,		longueur,		largeur.
Ire	1 pied	4 p.	2 pieds	4 p.	6 pouc.
IIe	1	3	2	2	5
IIIe	1	2	1	8	4
IVe	1	0	1	6	3

Les prix de ces diverses dimensions sont les mêmes, c'est-à-dire à raison de 5 francs par mitre, sur quoi le fabricant accorde au maçon ou à l'entrepreneur une remise de 10 pour 100 ; il ne se charge pas de la pose, évaluée à 2 francs par chaque mitre.

On a objecté, comme une difficulté à cette pose, que le plâtre ne prend que faiblement sur la terre cuite ; mais, pour remédier à cet inconvénient, le sieur Fougerolles a formé dans le bas des mitres une partie en *arrachement;* il en a fait une de même dans la portion inférieure des tuiles à double crochet, destinées à être fixées sur ses mitres. Les trous qu'il a pratiqués pour recevoir des crampons de fer, soit qu'on veuille obtenir une grande solidité, soit pour les pays où on ne se peut procurer de plâtre, ne laissent rien à désirer à la fabrication, ce qui les préserve entièrement de l'influence de l'atmosphère et de la mauvaise direction des vents.

Pour éviter aussi l'inconvénient qu'on semblait craindre de l'eau qui, pouvant s'insinuer et filtrer entre la terre cuite et le plâtre, retomberait aussi dans le tuyau de la cheminée, il a formé au bas des mitres un rebord qui couvre le solin, et le plâtre, s'adaptant sous ce rebord, s'y trouve entièrement à l'abri; cette précaution ajoute encore à la solidité de la pose.

Plus tard, M. Fougerolles a perfectionné ses mitres en les laissant ouvertes aux deux extrémités, et dépassant de quelques pouces la longueur latérale du tuyau ; les deux ouvertures sont comme deux entonnoirs renversées par lesquels la fumée, lorsqu'elle est refoulée par des coups de vent, peut s'échapper, étant en même temps repoussée par le courant ascendant de l'intérieur du tuyau.

Cette dernière construction équivaut en quelque sorte à celles en plâtre, qu'on pratique quelquefois sur les cheminées, dans la partie méridionale de la France, et qui porte le nom vulgaire de *culottes de Suisse*.

AUTORITÉS.

Dictionnaire technologique. — Rapport de Guiton-Morveau. — Rapport sur le Mémoire de Clavelin. — Mémoire de la Société d'encouragement.

CHAPITRE II.

De la fumée. — Causes de la fumée. — Des vents. — Observations de Clavelin, relatives à une observation de Franklin.

Il y a deux sortes de fumée : 1° celle qui est la plus légère, qui succède à la flamme, qui dissipe facilement l'air ; 2° l'autre sorte de fumée, qui précède la flamme, et provient ou de l'usage du charbon de mauvaise qualité, ou de celui d'un bois vert.

En général, on peut regarder comme causes principales du refoulement de la fumée dans nos appartemens, 1° les vents ; 2° le défaut d'air atmosphérique ; 3° la situation désavantageuse des cheminées ; 4° leur construction défectueuse ; 5° la pluie et la neige ; 6° l'action des rayons solaires ; 7° l'usage du mauvais bois, et la façon dont il est arrangé sur le foyer ; 8° les jambages parallèles et la manière dont les tuyaux sont dévoyés ; 9° d'autres causes enfin, qui sont rapportées dans le courant de l'ouvrage.

Première cause de la fumée, *les vents.* — L'impétuosité avec laquelle la fumée descend dans nos appartemens, lorsque certains vents dominent, l'agitation de l'air atmosphérique qui se fait sentir parmi les flots de fumée qui refluent, prouvent évidemment que, dans plusieurs occasions, la fumée n'a d'autre cause que le vent qui s'insinue dans le tuyau des cheminées.

La raréfaction de l'air, l'éruption violente des exhalaisons, et la pression des nuages, sont autant de causes diverses qui produisent les vents.

L'air raréfié ne peut occuper un plus grand espace sans chasser l'air voisin. L'air chassé fuit vers l'endroit où il trouve moins d'obstacles; et si cet écoulement est sensible, il produit du vent.

La pression des nuées agite aussi l'air qui nous environne et qui veut s'échapper; cette agitation violente produit un vent impétueux, mais de peu de durée pour l'ordinaire.

La direction des vents provient de la diverse situation des endroits d'où ils sortent, et de ceux qui les réfléchissent. Les corps qui partent d'un lieu suivent la direction qu'ils ont d'abord reçue, jusqu'à ce que quelque obstacle leur donne une direction nouvelle. Un vent rencontre-t-il des montagnes, des nuages? il se réfléchit, faisant un angle de réflexion à peu près égal à celui d'incidence: de là, un vent dirigé du midi au nord, ou du nord au midi, en deviendra un qui s'approchera plus ou moins, de l'est ou de l'ouest, selon la position du corps qui aura fait obstacle à sa course naturelle. Ces obstacles quelconques sont la raison pour laquelle une cheminée à l'abri, par exemple, du vent de nord, fumera néanmoins quelquefois, parce que ce vent aura été réfléchi et renvoyé dans le corps de la cheminée par quelque muraille voisine, ou par le tuyau de quelque autre cheminée.

On distingue, parmi les vents, ceux qui sont réglés d'avec ceux qui sont libres. On appelle communément vents alisés ceux qui ne manquent pas de souffler en certains temps.

Le vent de sud est le plus inconstant de tous les vents en Europe; il souffle sans règle et sans rapport avec les saisons. Lorsqu'il commence ou qu'il cesse, il change le temps de beau en pluvieux, et le rend doux s'il était froid; il souffle de bas en haut, et par cette direction il détache beaucoup de particules de dessus la surface des eaux, et l'air étant beaucoup plus raréfié et plus léger, il s'imbibe d'une plus grande quantité de vapeurs. De là vient que ce vent est extrêmement pluvieux, et en conséquence, les cheminées fument presque toutes pendant qu'il souffle. Heureusement il souffle plus souvent la nuit que le jour, particulièrement en hiver. Il souffle ordinairement seul. Quant à sa direction de bas en haut, c'est une chose à remarquer pour les cheminées à soupiraux qui sont tournées à ce vent; parce qu'alors on en place l'ouverture bien différemment, que s'il soufflait de haut en bas.

Le vent du nord souffle de haut en bas, et il n'est ni pluvieux ni nébuleux, il est plus pesant que l'air qui souffle du midi; loin de détacher des vapeurs de dessus la surface des eaux, il empêche plutôt qu'il ne s'en élève; c'est pourquoi les soupiraux des cheminées tournés à ce vent doivent être inclinés, ou au moins posés horizontalement.

Les vents d'orient sont pour l'ordinaire plus secs que les vents d'occident. Ils rendent l'air plus vif et plus serein; ils chassent les vapeurs : ils soufflent souvent le matin en été.

Les vents d'occident sont troubles; ils soufflent ordinairement le soir, changent facilement, sont plus véhémens que les vents d'orient.

Après ce que nous venons de dire touchant les vents, il n'est pas difficile de comprendre comment ils peuvent causer le refoulement de la fumée. La force avec laquelle ils s'enfournent dans le tuyau de la cheminée contraint la fumée à descendre, et à chercher une issue dans la chambre, où elle ne trouve presque point de résistance. Il est vrai que la fumé tend à monter par l'action de l'air atmosphérique qui la presse; mais cette action est moins puissante que celle du vent, car l'air qui est dans la cheminée, quelque fumée qu'il y ait, est toujours plus raréfié que celui de dehors, quand le vent souffle et va fort vite; et s'il n'entre pas toujours dans la cheminée en passant par dessus horizontalement, c'est parce qu'il trouve devant lui une libre issue.

On pourrait, dira-t-on, interrompre la direction du vent dans le tuyau de la cheminée, par le moyen d'une couverture horizontale. Cela est vrai; mais on ne l'empêchera pas toujours de fumer par un grand vent, puisqu'on voit presque partout des cheminées fumeuses, quoiqu'elles soient couvertes horizontalement; d'où vient cela? Peut-être de la grande agitation qu'un vent violent cause dans l'air extérieur de la cheminée, qui est plus que suffisante pour empêcher l'issue de la fumée, puisqu'elle rompt sa direction et la voie qu'elle s'était ouverte à travers un air calme et tranquille. Elle est donc forcée de rester dans le tuyau de la cheminée, lequel se remplit bientôt de fumée, dont la surabondance se répand nécessairement dans la chambre, comme étant le seul chemin qui lui soit ouvert.

Tout corps étant de soi-même indifférent pour être dans un tel lieu, ou dans un autre, dès-lors qu'il a été chassé du lieu qu'il occupait par une cause extérieure, il ne doit point y retourner, à moins qu'une nouvelle cause extérieure, plus puissante que la première, ne l'y force : c'est ce qui arrive à la fumée, lorsqu'ayant été poussée en premier lieu jusqu'à l'extrémité du tuyau de la cheminée, par l'action de la chaleur rayonnante du feu et de l'air atmosphérique, elle est ensuite repoussée en bas par la force du vent extérieur, ou par la pluie.

Une observation digne d'attention de Clavelin, est celle qu'il a faite en vérifiant une proposition de Franklin. Il se forme journellement, vers les cinq heures du soir, un courant ascendant qui dure jusqu'à huit et neuf heures du matin. A cette heure, le courant s'interrompt, et l'air intérieur se balance avec l'air extérieur; ensuite l'équilibre se rompt, et il succède un courant descendant qui dure jusqu'au soir. Telle est l'observation de Franklin, dont il donne cette explication simple, que la température du tuyau de la cheminée restant invariable, et celle de l'air extérieur, au contraire, variant, le contre-balancement de leur densité respective entraîne tantôt l'une, tantôt l'autre, dans les directions déterminées par la rupture alternative de l'équilibre de l'une ou de l'autre part.

Avant de lire Franklin, Clavelin avait déjà soupçonné l'existence de ce fait, en remarquant les mouvemens par lesquels nos devans de cheminées deviennent alternativement concaves ou convexes, suivant le sens dans lequel l'air les presse. Pour vérifier l'ordre que suit ce phénomène, ce physicien ferma exactement les ouvertures de cinq à six cheminées, de hauteur et de situation différentes. Il laissa à chacune une ouverture ou trouée de trois pouces en carré. Six mois d'observations pendant toute sorte de temps l'ont convaincu;

Que les courans de nos cheminées ne sont pas aussi réguliers que ceux qu'a observés Franklin; que cependant le courant ascendant de la nuit, depuis cinq à six heures du soir jusqu'à huit et neuf heures du matin, est constant; qu'il varie dans sa force; qu'il vacille même quand il s'élève un vent plus ou moins sensible; mais que le courant descendant du jour est loin d'être également constant: à peine, dit-il, un quart des observations s'y est-il trouvé conforme, même dans les temps calmes.

Ces phénomènes nous font concevoir la raison pour laquelle, quand plusieurs tuyaux des cheminées se trouvent réunis en une colonne, la fumée de celles où le feu est allumé descend souvent dans les autres, et remplit ainsi les appartemens.

Autorités. Traité de la Caminologie; Clavelin, etc.

CHAPITRE III.

Suite des causes diverses de la fumée, et explications de ces causes par les ANCIENS CAMINOLOGISTES; Remèdes généraux qu'ils proposent. — Des bois à brûler; Remarques.

SECONDE CAUSE DE LA FUMÉE, *le défaut d'air atmosphérique.* -- Si la fumée monte par l'action de la chaleur rayonnante du feu et de l'air atmosphérique qui la presse, il s'ensuit nécessairement que, lorsque l'air de la chambre n'est pas en suffisante quantité pour forcer la fumée, par sa pression, de lui céder la place en la poussant en haut, elle ne peut pas monter, et par conséquent qu'elle doit se répandre dans la chambre.

Or, il n'arrive que trop souvent que les endroits où l'on fait du feu sont privés d'une assez grande quantité d'air pour pousser la fumée, surtout lorsqu'ils sont bien fermés; cette privation vient, 1° de ce que l'air se raréfie par la chaleur, et laisse par conséquent plusieurs intervalles entre ses parties, ou plusieurs espaces remplis de matière, qui résiste moins à la fumée que ne faisaient les parties de l'air dont elle prend et occupe la place; 2° de ce qu'il sort une partie de l'air de la chambre avec la fumée. Ainsi celle que le feu fait continuellement, se trouvant moins pressée par l'air intérieur qui reste dans la chambre, que par l'air extérieur qui est au haut de la cheminée, elle rentre dans la chambre et y cause les incommodités que l'on ressent si souvent; 3° l'air d'une chambre sort encore lorsque l'on ouvre une porte qui a communication dans quelqu'autre endroit plus chaud, et donne ainsi moyen à la fumée de rentrer dans la chambre, où elle se trouve moins pressée que par dehors; ce qui arriverait encore en ouvrant une porte, ou une fenêtre, du côté opposé à celui d'où vient le vent.

C'est donc cette espèce de vide qui se fait dans une chambre, de quelque manière que ce soit, qui est une des principales causes de la fumée. De là vient qu'il fume souvent dans les petites chambres, aussi bien que dans les autres qui sont voûtées ou plafonnées, et dont les interstices des portes et des fenêtres sont exactement bouchés; ce qui fait qu'il n'y a pas suffisamment d'air dans la chambre pour pousser la fumée et lui faire prendre sa direction ordinaire.

Il est impossible de remédier à cet inconvénient, si on ne trouve le moyen de prendre de l'air d'autre part pour augmenter le volume de celui de la chambre, et le mettre en équilibre avec l'air extérieur; car il ne suffit pas que l'air atmosphérique puisse forcer la fumée à monter, il faut encore qu'il soit prépondérant aux colonnes d'air qui sont dans le tuyau de la cheminée; lesquelles, eu égard à leur direction perpendiculaire de haut en bas, ont toujours plus de poids que d'autres qui leur seraient égales, mais qui n'auraient pas la même direction. C'est ce qui paraît particulièrement, lorsqu'on allume du feu dans une cheminée où il n'y en a pas eu depuis quelque temps. Il faut nécessairement qu'elle fume jusqu'à ce que la chaleur du feu ait vaincu la résistance de l'air qui occupait toute la capacité du tuyau de la cheminée; pour lors, en le raréfiant, elle fraye, pour ainsi dire, une voie à la fumée, et lui facilite le moyen de s'échapper en dissipant l'obstacle qui l'empêchait de monter.

Troisième cause de la fumée, *la situation désavantageuse des cheminées.* -- La situation d'une cheminée peut être désavantageuse à raison de la mauvaise disposition du tuyau.

En premier lieu, quand la plus haute partie du tuyau est dominée par le toit, ou par quelque bâtiment supérieur, comme une tour, une église, etc., la cheminée est sujette à fumer, même dans un temps calme et serein; 1° parce que l'espace entre cette partie du tuyau et les corps dominans, étant plus étroit et plus serré, l'air y coule avec plus de rapidité et plus de force (comme l'eau d'une rivière entre les piles d'un pont), et qu'il oppose par conséquent une plus grande résistance à la sortie de la fumée.

2°. Si le vent vient à souffler contre ces hauteurs qui commandent la cheminée, l'inconvénient en est plus grand, parce que, trouvant des obstacles qui l'arrêtent, il se réfléchit nécessairement vers la cheminée, faisant un angle de réflexion proportionné à celui d'incidence; il y entre même, et repousse la fumée dans la chambre. Plus la cheminée sera donc dominée, plus elle sera sujette à fumer, et cela en raison du plus grand volume d'air qui sera réfléchi, et qui s'enfournera avec plus de violence dans la cheminée. C'est pour prévenir cet inconvénient, autant qu'il est possible, qu'on élève les tuyaux de cheminées beaucoup plus que les toits. Clavelin veut que l'issue des tuyaux soit d'environ 30 pieds au-dessus de l'aire du foyer, parce que plus ils sont élevés, plus ils accélèrent l'ascension de la fumée.

3°. Si les vents sont violens, ou si c'est un vent de nord qui souffle, le reflux de la fumée doit se faire encore plus sentir, parce qu'ayant sa direction de haut en bas, l'angle de réflexion, d'aigu qu'il était, devient obtus et tend davantage à la ligne perpendiculaire: par conséquent le vent, eu égard à sa direction, a plus de force pour repousser la fumée dans le tuyau de la cheminée, elle doit donc fumer davantage.

4°. Si la cheminée se trouve proche de ce qui la commande, et que le vent soit violent, il peut aussi la faire fumer, quoiqu'il ait son origine du côté qu'elle est commandée; parce que l'opposition qu'il trouve augmentant les efforts de l'air, qui ne peut en cet endroit s'étendre qu'en haut, lorsqu'il a passé par-dessus cette hauteur qui lui faisait obstacle, il s'étend aussitôt en bas, et fait refouler ainsi la fumée dans le tuyau de la cheminée, où il trouve très-peu de résistance.

En second lieu, la partie inférieure du tuyau, ou l'ouverture de la cheminée qui communique dans la chambre, peut encore la rendre fumeuse à raison d'une porte ou d'une fenêtre mal placée, ou dont la cheminée serait trop près. Aussi Alberti conseille que le foyer ne soit pas trop exposé au vent des portes ni des fenêtres. La raison en est claire. C'est que l'agitation de l'air ne se fait pas toujours suivant les lignes droites; mais que souvent l'air est violemment agité en tourbillon, ou par bouffées; alors ce vent paraît avoir plus de force pour chasser l'air d'une chambre, que pour l'y faire entrer, comme on peut le remarquer dans une chambre dont on a laissé une fenêtre ouverte pendant qu'il fait un grand vent. L'expérience nous apprend que le vent pousse d'ordinaire la fenêtre avec plus de force de dedans en dehors, que de dehors en dedans. Quand la porte ou une fenêtre se trouve proche ou vis-à-vis d'une cheminée, l'air est principalement attiré de ce côté-là, surtout si ce côté est opposé à celui d'où vient le vent; et par conséquent la fumée n'étant plus pressée par l'air atmosphérique, et trouvant moins de résistance du côté de la chambre, à cause de l'espèce de vide qu'y laisse l'air qui est sorti par la porte ou par la fenêtre, elle doit s'y répandre, au lieu de monter par le tuyau de la cheminée. Il n'en est pas de même, à beaucoup près, si la cheminée n'est point exposée au vent des portes ou des fenêtres, ou du moins si l'on a soin de fermer exactement les unes et les autres, parce qu'alors les colonnes de l'air atmosphérique n'étant point ébranlées, ni attirées par les tourbillons de vent, elles ont toute leur force pour presser la fumée, et la forcer de monter. Quelquefois la cheminée et la porte sont du même côté de la chambre; si l'on n'ouvre qu'à demi la porte, un courant d'air oblique, et fuyant devant l'âtre, entraîne avec lui de la fumée; Franklin veut alors qu'on change l'ouverture de la cheminée, ou qu'on place un paravent entre la cheminée et la porte.

Quatrième cause de la fumée, *la construction défectueuse des cheminées*. — Les défauts qui se trouvent dans la construction d'une cheminée ne contribuent pas peu à la faire fumer. Cet inconvénient arrive principalement lorsque la fumée rencontre dans le tuyau des obstacles qui l'empêchent de suivre son cours ordinaire. Ces obstacles consistent en ce que l'intérieur du conduit n'étant point uni, il y a des inégalités qui arrêtent, ou qui retardent la fumée dans son ascension.

On éprouve le même inconvénient quand il se rencontre dans la cheminée des pierres qui sortent plus les unes que les autres, ce qui est occasioné quelquefois par la liaison d'une maison à l'autre, ou par quelque mur de refend; mais plus communément encore lorsque plusieurs cheminées aboutissent à un même tuyau. Dans ce dernier cas, il est presque impossible que quelqu'une des cheminées ne fume, principalement celles où l'on ne fait pas de feu actuellement. Cela ne doit pas paraître surprenant; car, si la fumée qui est parvenue au haut de la cheminée vient à être repoussée par le vent, elle rentrera plus facilement dans les autres tuyaux, parce qu'elle les trouve libres, et qu'elle n'y trouve aucune résistance.

Cinquième cause de la fumée, *la pluie et la neige.* — Pour être bien persuadé que la pluie peut faire refouler la fumée, il ne faut que remonter aux principes de sa formation. La pluie est produite lorsqu'une nuée, venant à se fondre par la chaleur solaire, se résout et tombe en petites gouttes.

Les gouttes de pluie réunies dans leur chute sont autant de corps qui, en tombant dans le tuyau de la cheminée, en occupent un espace considérable, et par leur pesanteur compriment tellement l'air, qu'ils entraînent avec eux la fumée, dont le reflux se fait bientôt sentir dans la chambre.

On peut attribuer presque le même effet à la chute de la neige, surtout lorsqu'elle tombe en grande quantité; à la vérité, ce n'est pas tant à cause de sa pesanteur, que parce qu'elle condense l'air extérieur, et au *prorata* l'air intérieur de la cheminée, à raison de sa grande froideur : ce qui fait que la fumée ne pouvant vaincre l'air que fort difficilement, pour se faire un passage, elle ne sort que très-lentement; de sorte qu'il s'en exhale nécessairement beaucoup dans la chambre.

Sixième cause de la fumée, *les rayons du so-*

leil. — On a souvent remarqué que, lorsque les rayons solaires tombent d'aplomb sur les tuyaux d'une cheminée, à travers lesquels ils descendent, la fumée reflue dans l'appartement. En été, lorsque le soleil luit, les tuiles s'échauffent; l'air qui environne le tuyau se raréfie davantage que celui qui est au-dessus du faîte; et comme il trouve moins de résistance dans le tuyau, il y entre et refoule la fumée dans les appartemens.

SEPTIÈME CAUSE DE LA FUMÉE, *l'usage du mauvais bois, et la façon dont il est arrangé sur le feu.* — Lorsqu'on attribue le reflux de la fumée à des causes éloignées, il arrive souvent qu'elles sont très-proches. Un peu d'attention sur le choix du bois et sur la façon de l'arranger sur le foyer, préviendrait l'inconvénient dont on cherche la cause, qui n'est autre quelquefois que la mauvaise qualité d'un bois vert ou humide, dans lequel le feu a peine à s'insinuer. Le bois vert ou humide rend beaucoup de fumée et prend difficilement. A la vérité, lorsqu'il est une fois allumé, la flamme en est plus vive que celle du bois sec; mais aussi le bois sec s'allume plus vite et plus facilement que le bois vert.

Ainsi, pour avoir du feu plus promptement et avec moins de fumée, il faut donner la préférence au bois sec, et choisir même le plus propre pour le chauffage; c'est pour faciliter ce choix, que nous allons parler des différentes sortes de bois.

Le bois flotté a moins de chaleur, mais il s'allume mieux et brûle plus vite que le bois neuf.

Le bois de hêtre flotté, qu'on nomme aussi bois de traverse, ou bois de boulanger, se consume plus promptement que l'autre.

Le bois blanc, comme le peuplier, le bouleau, le tremble, est le plus mauvais de tous les bois à brûler.

Il y a une différence à faire à l'égard du bois de chêne : le jeune brûle et chauffe bien ; le vieux noircit dans le feu ; il fait un charbon qui s'en va par écailles, qui ne rend point de chaleur, et qui s'éteint bientôt. Ainsi, quand on prend du chêne, il faut choisir les rondins de trois ou quatre pouces de diamètre, et rejeter les grosses bûches de quartier.

Le bois pélard, qui est un chêne dont on a ôté l'écorce pour faire du tan, brûle assez bien, mais il ne rend que très-peu de chaleur.

Le charme brûle bien, fait un fort bon feu, et beaucoup de charbon, qui dure long-temps.

Le meilleur de tous les bois de chauffage, c'est le bois de hêtre neuf, qui fait un feu vif et clair et peu de fumée ; quand il est bien arrangé, il rend une grande chaleur, et donne beaucoup de charbon.

Mais il ne suffit pas d'être muni de bon bois sec, il faut aussi en savoir faire usage, sans quoi on serait encore exposé à la fumée. Ainsi, lorsqu'on brûle du bois de quartier, on doit avoir soin que le côté qui est plat, s'il est en devant, ne soit pas incliné vers la chambre, mais qu'il soit ou perpendiculaire, ou même incliné vers le fond de la cheminée, parce que la fumée qui suit et qui monte le long de la surface plate et inclinée du bois, prend la direction que cette inclinaison lui donne, et rentre facilement dans la chambre quand la surface plate du bois incline de ce côté : mais si l'on se sert du bois rond, il suffit d'avoir attention qu'il soit proche (autant qu'on le peut) du fond de la cheminée. Quel que soit le bois que l'on brûle, il faut toujours qu'il soit arrangé sur le foyer de façon que l'air y ait un cours libre; pour cela, il est à propos que le bois soit un peu élevé au-dessus de l'âtre, par le moyen de chenets ou d'une grille, et qu'il y ait des interstices entre les bûches, afin que l'air puisse s'y insinuer de tous côtés.

Huitième cause de la fumée, *les jambages parallèles, et la manière dont les tuyaux sont dévoyés.* — Le sentiment de Gauger est que, dans la disposition ordinaire des jambages parallèles, la fumée s'étend facilement dans les coins du foyer, et que, pour peu qu'elle soit agitée, elle rentre dans la chambre.

1°. Parce que, n'étant plus au-dessus du feu, qui ne s'étend point jusque dans les coins, elle est moins poussée en haut dans ces endroits.

2°. Parce que ces endroits étant les moins échauffés, l'air de la chambre y est moins attiré, et en chasse par conséquent moins la fumée dans le tuyau.

3°. Parce que l'air de la chambre donnant avec plus de force sur le milieu de la cheminée, où est la chaleur qui l'y attire, en s'y étendant par sa raréfaction, il presse encore la fumée dans les coins de la cheminée, et lui donne un mouvement qui la fait rejaillir, et rentrer dans la chambre.

4°. Parce que, s'il arrive que l'air pousse avec force dans la cheminée, comme lorsqu'il y a une porte ou une fenêtre ouverte dans la chambre, ou qu'il y en entre beaucoup par quelque endroit que ce soit, cet air poussant violemment la fumée, la fait frapper directement contre le fond de la cheminée, et réfléchir dans la chambre; d'où, si elle est encore assez repoussée, elle fait ces petits tourbillons que nous voyons dans les coins des cheminées, lesquels sont, à la vérité, plus considérables lorsque les vents entrent par le haut du tuyau, et qu'ils y repoussent la fumée.

Enfin, lorsque nous disons que la manière dont les tuyaux des cheminées sont dévoyés contribue à faire fumer, ce n'est pas pour improuver les tuyaux dévoyés, mais seulement la façon dont ils sont presque toujours construits. Aujourd'hui qu'il semble que l'art soit parvenu à surmonter toutes les difficultés, l'on dévoye les tuyaux sur leur élévation, sans en altérer la construction; et le biais qu'on leur donne dans la hotte les fait rejoindre pour sortir ensemble hors du toit dans un même tuyau qui les contient tous, séparés néanmoins par des languettes dans sa longueur; au lieu qu'auparavant il les renfermait dans sa profondeur.

On craignait au commencement que ce biais ne fût sujet à la fumée et au feu; mais l'expérience a fait connaître qu'il n'apportait par lui-même aucune de ces incommodités, pourvu que le tuyau n'eût rien dans toute son étendue qui arrêtât la fumée dans son ascension, et qu'il fût assez large pour être tenu net.

De quelque autres causes de la fumée, tirées de Savot.

Cet auteur prétend qu'il fume ordinairement dans les petites chambres, en deux occasions : la première, lorsqu'on y fait trop grand feu, et qu'elles sont trop échauffées, parce que la fumée suit naturellement la chaleur.

Savot a remarqué que non seulement la trop grande quantité de suie qui est dans la cheminée la fait fumer, mais encore qu'une cheminée nouvellement faite fume jusqu'à ce qu'elle ait été enduite d'une petite croûte de suie. Apparemment que c'est un effet de l'humidité de l'air renfermé dans le tuyau, dont la maçonnerie n'est pas encore sèche; cet air se trouvant trop humide et condensé, la fumée ne peut le diviser et le pénétrer facilement, jusqu'à ce que la chaleur du feu en ait dissipé toute l'humidité.

On pourrait dire la même chose d'une cheminée où l'on commence à allumer du feu; comme il est faible au commencement, il n'a pas encore la force de vaincre l'air épais et condensé qui occupe la capacité du tuyau de la cheminée : il n'est donc pas surprenant, pour lors, que la cheminée fume; car, comme le soleil, à son lever, ne peut pas faire sentir l'effet de sa vertu qu'il n'ait auparavant dissipé les vapeurs qui couvrent la surface de la terre, de même le feu ne peut pas élever la fumée qu'il ne soit bien allumé, et que par son ardeur il n'ait acquis assez de force pour raréfier l'air condensé qui-est dans la cheminée. On éprouve aussi cet inconvénient lorsqu'on laisse presque éteindre le feu, lequel, se trouvant au même degré de faiblesse qu'au commencement, ne fournit plus assez de chaleur pour élever la fumée, qui retombe alors nécessairement : comme il arrive au coucher du soleil, lequel étant trop faible pour tenir élevées les vapeurs qu'il a attirées, les laisse retomber; c'est ce qui forme le serein.

Voilà les principales et les plus fréquentes causes qui occasionent le refoulement de la fumée dans la chambre. Chacun peut en découvrir par rapport aux différentes situations des cheminées, en faisant des observations et des expériences sur ce qui concerne cette matière.

Voyez dans le chapitre où l'on traite des causes de la fumée, d'après les auteurs modernes.

CHAPITRE IV.

Moyens imaginés pour empêcher les cheminées de fumer, par d'ANCIENS AUTEURS, tels qu'Alberti, Savot, Delorme.—Mitres de cheminée.—Tuyaux de Cardan[1].

APRÈS avoir indiqué les principales causes qui rendent les cheminées fumeuses, il faut, pour remplir l'objet que nous nous sommes proposé, donner des moyens de les corriger. On convient que souvent il ne faut que très-peu de chose pour y réussir; quelquefois une porte fermée; d'autres fois un soupirail fait à propos au haut du tuyau de la cheminée; dans d'autres, une petite ouverture pratiquée au coin de la cheminée sera capable de restituer à la chambre l'air nécessaire pour élever la fumée.

Mais, comme les moyens les plus simples ne sont pas suffisans pour garantir toutes sortes de cheminées, surtout celles qui sont mal situées, il

[1] Nous diviserons ce Traité pratique de Caminologie en deux parties: 1° *Moyens d'empêcher les cheminées de fumer*, tirés des ANCIENS AUTEURS; 2° *Moyens d'empêcher les cheminées de fumer*, tirés des MODERNES. On verra combien les Delorme, les Alberti ont été ingénieux dans la Caminologie; les peuples modernes n'ont souvent fait que les copier.

faut avoir recours à ceux que nous allons indiquer.

Il est nécessaire de garder certaines mesures dans la construction des différentes parties de la cheminée. Il ne s'agit pas ici de la longueur ni de la largeur de l'ouverture, ni même de la grandeur des cheminées, qui doivent toujours être proportionnées aux chambres dans lesquelles elles sont construites, mais de ce qui peut contribuer à faire sortir librement la fumée.

Pour y réussir, Alberti veut que le foyer soit au milieu, et non au coin de la cheminée, ni trop près d'une porte ou d'une fenêtre, à cause des tourbillons de vent, qui attireraient infaillibtement la fumée. Le foyer doit avoir une profondeur convenable, au moins 18 pouces, au plus 24. Car en lui donnant moins, la cheminée serait sujette à fumer, et en lui en donnant davantage, la chaleur sortirait presque totalement par le tuyau.

Le contre-cœur doit être conduit bien à plomb jusqu'à l'extrémité du tuyau, qui doit être suffisamment élevé pour qu'il ne soit pas dominé, afin de prévenir par là l'accident du feu et le refoulement de la fumée.

Quant à la largeur, Delorme estime que les moindres cheminées doivent avoir 9 pouces dans œuvre, et les plus grandes un pied : plus larges, elles fumeraient. La fermeture de l'extrémité du tuyau se fait en portion de cercle par dedans, et on donne à cette fermeture 5 ou 6 pouces de large pour le passage de la fumée.

Selon le même auteur, il y a certains lieux qui exigent que le manteau de la cheminée soit très-bas, pour qu'elle ne fume pas : ce qui se peut faire facilement par le moyen d'une planche que l'on attache dessous le chambranle de la cheminée, qui renvoie par ce moyen plus de chaleur dans la chambre, pourvu qu'elle ait ses pieds droits aussi avancés que le manteau ; le feu se trouvant ainsi à l'abri des vents, des portes et des fenêtres qui sont proches de la cheminée, la fumée ne sera point attirée dans la chambre.

Savot veut que le contre-cœur soit conduit depuis l'aire du foyer jusqu'à la hauteur du plancher un peu en talus, « afin, que la fumée, venant à frapper « contre, se réfléchisse plutôt dans le tuyau ».

Enfin, tous ces architectes s'accordent à exiger que l'intérieur de la cheminée soit le plus uni qu'il est possible, de peur que les inégalités dans le tuyau ne soient un obstacle à la fumée.

Il y a des cheminées si mal faites, si mal situées, que quelque moyen qu'on emploie pour les corriger, on ne peut jamais y parvenir sans les refaire, ou du moins sans changer la disposition extérieure de l'ouverture de leur tuyau. On devrait connaître la nature des lieux pour élever les bâtimens et les cheminées selon la situation et la disposition des vents. Pour avoir quelque notion des vents, il faut savoir s'orienter.

Voici un moyen assuré pour trouver le méridien (*fig.* 1). Il faut décrire deux ou trois cercles sur une pierre ou une planche bien polie, et posée de niveau. Au centre *A* on plante un style d'équerre de la longueur de la moitié du diamètre d'un des cercles ; on observe, trois ou quatre heures avant midi, quand l'ombre du style entre dans un des cercles, et on le marque exactement avec un point comme sur *E ;* il faut faire la même observation après midi, lorsque l'ombre du style sortira du même cercle, comme *D;* cela étant fait, divisez l'arc compris entre ces deux points d'attouchement, du point du milieu *F;* et, par le centre *A*, tirez une ligne, qui sera la méridienne.

Quand on aura trouvé le méridien, on connaîtra les autres trois points de l'horizon, et on pourra tourner les cheminées du côté le plus favorable. Delorme a remarqué, que les cuisines tourneés au midi ou au couchant sont plus commodes que les autres, beaucoup plus économiques, et moins exposées à fumer ; il faut surtout ne percer les fenêtres ou les portes que du côté du couchant et du midi, ou bien entre l'un et l'autre, et non ailleurs.

Delorme, en parlant de la situation des cheminées, enseigne qu'un des moyens de les empêcher de fumer est de les mettre dans l'épaisseur du mur le plus avant qu'il est possible; qu'elles tiennent, du reste, moins de place dans une chambre.

Alberti a imaginé divers moyens pour garantir de la fumée : il couvre le haut du tuyau de la cheminée de mitres (*fig.* 2), afin que le vent, la pluie, ni la neige ne puissent y avoir aucun accès; il laisse, pour l'issue de la fumée, des ouvertures dans les côtés, et même une au milieu, s'il est nécessaire, et les recouvre en forme de lucarnes, afin que les tourbillons de vent n'aient pas tant de prise pour s'y enfourner.

Si ce moyen ne réussit pas, l'auteur conseille de couvrir la surface de la cheminée avec des faîtières ou grandes tuiles creuses, placées comme dans les *fig.* 3 *et* 4, dont la première donne un tuyau de cheminée ouvert de deux côtés seulement. Cette méthode peut être d'usage contre les vents d'ouest et de sud, lorsque la cheminée est tournée à l'un de ces deux vents, qui, pour l'ordinaire, font refouler la fumée, lorsqu'ils ont prise, sur le tuyau de la cheminée.

L'autre figure représente une cheminée ouverte des quatre faces, située dans un lieu découvert et exposée à tous les vents; ces ouvertures donnent un libre passage au vent; de quelque côté qu'il souffle, la couverture pratiquée de cette façon empêche qu'il n'entre dans le tuyau de la cheminée.

Delorme applique sur le tuyau de la cheminée un tabourin (*fig.* 5) fait en forme de demi-chaudron ou quart de sphère *A*, fixé par une tige de fer *B*, mobile, mise perpendiculairement, et supportée par deux traverses de fer *E*. Il attache à cette tige, par le moyen de deux barres de fer, une grande planche *C*, en façon de girouette; lorsque le vent la fera tourner, elle servira comme de timon ou de gouvernail pour faire tourner en même temps la conque, dont la partie postérieure se trouve, par ce moyen, toujours opposée au vent; elle tourne tout autour de la cheminée, selon que le vent fait tourner la girouette; elle couvre de sa concavité le tuyau de la cheminée, et le met à l'abri de tous les vents. Cette sorte de couverture, qu'on nomme tourne-vent, n'est d'usage que pour les cheminées dont le tuyau est rond; elle pourrait cependant servir pour les tuyaux carrés, tels que sont ceux qui contiennent plusieurs cheminées adossées les unes aux autres, pourvu toutefois que l'extrémité du tuyau fût arrondie par dehors.

On a perfectionné cette invention, de manière qu'on peut l'adapter à toutes sortes de tuyaux de cheminées, et qu'elle laisse toujours à la fumée un libre passage, de quelque côté que le vent vienne.

Cette machine, qu'on a rendue beaucoup plus légère, tourne plus facilement; c'est ce qui fait qu'elle est d'un assez grand usage en Hollande, et encore plus à Leyde, dont la plupart des habitans ne brûlent que des matières qui produisent beaucoup de fumée, comme de la houille, des tourbes, du charbon de terre.

Sur le sommet de la cheminée, on élève un tuyau rond (voyez la *fig.* 6); on maçonne et bouche de part et d'autre l'orifice du grand tuyau que le petit n'embrasse point. On fait une calotte ronde de tôle en forme de cône ou de ruche, au sommet de laquelle est une girouette. Cette girouette et la calotte, attachées ensemble, ne forment qu'un seul tout, en sorte que, lorsque la girouette tourne, la calotte tourne aussi. Par conséquent, la girouette a un pied et un pivot posé au milieu de l'ouverture du petit tuyau rond de la cheminée, où il est soutenu par plusieurs branches de fer qui tiennent à la cheminée même. Il faut que la calotte embrasse exactement le tuyau rond de la cheminée, et qu'il déborde un peu par-dessous, afin de ne point donner d'entrée au vent. Cette calotte doit avoir aussi un trou suffisamment large pour laisser sortir la fumée. En attachant la calotte à la girouette, il est essentiel de tourner ce trou du même côté que la girouette, afin que dans la suite il tourne avec elle et regarde toujours le côté opposé au vent. On l'enduit de suie détrempée dans de l'huile ou du goudron. La tôle de ces calottes doit être placée dans le temps de la grande chaleur ou des grandes pluies; il est bon de les peindre de bonne heure, afin de leur donner le temps de sécher doucement.

Alberti prétend que rien n'est plus capable de nous en préserver, que de faire appliquer sur le tuyau de la cheminée un couvercle de tôle ou de fer blanc (*fig.* 7), fait à peu près comme le chapiteau d'un alambic *A*, avec quatre becs *B*, qui serviront de soupiraux ou de narines pour faire sortir la fumée. Il est nécessaire que ce couvercle soit haut et ample par le bas, selon le diamètre du tuyau de la cheminée.

Cardan place à chaque face de la cheminée deux tuyaux de terre cuite, ou d'autre matière, dont l'un est dirigé en haut et l'autre en bas (*fig.* 8). Huit vents, quatre tendant en bas et quatre en haut, ne peuvent, dit-il, souffler tous en même temps des divers points de l'horizon; par conséquent, la fumée pourra toujours s'exhaler par quelqu'un de ces tuyaux. Cet expédient est facile à exécuter, surtout si le tuyau de la cheminée est isolé. Si plusieurs cheminées sont adossées l'une à l'autre, peut-être cette méthode ne produirait-elle pas autant d'effet, parce qu'on ne pourrait mettre de ces tuyaux que par les côtés des cheminées qui se trouveraient enclavées et à trois faces seulement de celles qui seraient aux extrémités. Delorme approuve cette invention, qu'il regarde comme très-ingénieuse.

CHAPITRE V.

Suite des moyens imaginés par les anciens auteurs pour empêcher les cheminées de fumer. — Cheminées de Flandre, de Nancy.

Delorme a remarqué : que les vents s'entonnent souvent dans le tuyau de la cheminée, lorsque ses côtés regardent le midi ou l'ouest, deux points d'où partent les grands vents. Si c'est un vent de nord qui règne, il y entre encore plus facilement, parce qu'il souffle de haut en bas. Cet inconvénient peut arriver à toutes les cheminées qui sont entièrement ouvertes par dessus.

Delorme prétend empêcher que le vent ne s'entonne dans les cheminées ouvertes par-dessus, en faisant une languette (*fig.* 9) au milieu du tuyau, et continuée jusqu'à l'extrémité, qu'elle surmontera d'un demi-pied. Cette languette sert à rompre et à diviser le vent ; de plus, en diminuant par son étendue la moitié de la longueur de l'ouverture, elle la met à l'abri du vent, qui ne peut agir alors que sur l'autre moitié, de sorte que, si peu de feu que l'on fasse, il sera suffisant pour repousser la fumée par le côté qui est à couvert du vent par le moyen de la languette. Le vent ayant moins d'espace pour s'introduire dans le tuyau, parce qu'il est divisé, il perdra presque toute sa force.

Il a remarqué, en second lieu, que, dans les parties septentrionales et occidentales de la France, la fumée est le plus souvent causée par les vents d'ouest, de même qu'en Dauphiné, en Provence, en Languedoc et dans les pays les plus proches du midi. Dans ces climats, il conseille de couvrir les tuyaux des cheminées en façon de frontispice; on fait plusieurs ouvertures à chaque face de la cheminée, pour donner issue à la fumée, comme on le voit dans la *fig.* 10, qui représente une cheminée avec ses ouvertures *A* et des languettes *B*, qui ont des retraites en dentelures de scie, pour faire réfléchir et repousser la fumée *C*, qui est désignée dans chaque division du tuyau de la cheminée, laquelle est représentée coupée, afin de laisser voir la structure de l'intérieur du tuyau.

Serlio a donné des modèles de tuyaux de cheminées (*fig.* 11), utiles pour les lieux élevés et exposés au grand air. L'extrémité de ces tuyaux, rétrécie et presque fermée, fait que le vent peut d'autant moins y entrer, que la fumée en sort avec plus de force, passant d'un petit espace dans un plus grand.

Delorme nous propose un troisième moyen.

« Il est quelquefois nécessaire, dit-il, de se servir
« de deux pommes creuses de cuivre de 5 ou 6
« pouces de diamètre au plus; ayant fait un petit
« trou en dessus, il faut les remplir d'eau, ensuite
« les placer dans la cheminée à la hauteur de 4 ou
« 5 pieds, à proportion du feu qu'on voudra faire,

« afin qu'elles puissent s'échauffer jusqu'au point « que l'eau étant suffisamment chaude, elle s'évapo« rera par le petit trou; les vapeurs sortiront rapi« dement; forcées de passer en peu de temps d'un « grand espace par un petit, elles pousseront l'air, « lequel, étant chassé violemment, communiquera « son mouvement à l'air supérieur. »

Le premier moyen que Savot a imaginé, comme propre à exclure la fumée des petites chambres, est qu'il faut rétrécir, à la hauteur du plancher, la longueur de l'ouverture dedans le tuyau, en sorte qu'elle n'ait environ qu'un pied et demi de long en cet endroit; il faut de plus relever le foyer de 3 ou 4 pouces, et baisser le manteau jusqu'à 3 pieds de hauteur depuis l'âtre. La largeur de l'ouverture entre les pieds droits, doit être de la même mesure, en observant de la terminer en cintre; il faut aussi que dans ce seul cas les côtés de la cheminée soient conduits en hotte depuis la hauteur des pieds droits jusqu'à l'endroit où le tuyau a été rétréci. La cheminée étant ainsi disposée, il est très-difficile qu'elle fume, parce que le tuyau étant en partie fermé des deux côtés de sa longueur, lorsque la fumée et le vent viennent à descendre, ils y trouvent un obstacle qui les fait réfléchir en haut; et lorsque le feu est bien ardent, il repousse facilement et fait monter plus haut cette fumée réfléchie. D'ailleurs, la fumée venant du foyer, et passant d'une ouverture étroite dans un espace plus ample, elle montera aisément, à moins qu'un vent d'ouest ne vienne à souffler fortement; malgré cela la fumée ne serait jamais rabattue par les côtés de la cheminée, comme il arrive ordinairement, mais seulement par le milieu du tuyau. Il faut remarquer que, pour que la fumée soit dirigée vers l'ouverture du tuyau rétréci, on doit se servir de bois coupé très-court.

Nous avons déjà dit que, lorsqu'il y a deux tuyaux de cheminées adossés l'un devant l'autre, il fume très-souvent dans l'une des deux chambres, principalement dans la plus petite, s'il y a du feu dans les deux en même temps; c'est dans ces sortes de cas qu'il faut faire usage de cette forme de cheminée dans la plus petite chambre.

Le même auteur propose un second moyen d'empêcher de fumer, et facile à mettre en pratique : il faut poser sur l'âtre une grande plaque de fer de la mesure du foyer, qui soit toute percée de plusieurs petits trous fort près les uns des autres, et élevée au-dessus de l'âtre de 3 ou 4 pouces; ensuite on met sur cette plaque une grille de fer haute de 8 ou 9 pouces, aussi longue que les bûches qu'on veut poser dessus, et large à proportion du feu qu'on y veut faire, ayant ses barreaux très-proches les uns des autres; de sorte qu'il y a comme trois étages; le premier et le plus haut est destiné à recevoir le bois, le second les charbons, et le troisième les cendres, au travers duquel l'air et le vent étant portés en haut, ils tiennent les charbons toujours allumés, augmentent la flamme, et par ce moyen diminuent la fumée, et la poussent en haut avec force.

Vallon s'est attaché uniquement à chercher un moyen qui pût mettre le tuyau à l'abri de tous les accidens de l'air; il a cru qu'une couverture bien conditionnée, et qui fermât assez exactement le tuyau de la cheminée pour en refuser l'entrée aux vents, à la pluie, etc., sans empêcher toutefois l'issue de la fumée, était conforme à son dessein. Voici la construction de cette couverture (*fig.* 12).

Il faut dresser un châssis avec des bandes de fer qui aient 2 pouces de largeur sur 3 ou 4 lignes d'épaisseur; ce châssis, devant être appliqué sur la superficie du tuyau de la cheminée, doit être fait suivant la largeur et la longueur de l'ouverture. Avant que de l'appliquer, il faut y faire quatre trous, savoir deux à chacun des deux côtés les plus longs; ils serviront à fixer les deux supports qui doivent y être attachés avec quatre gros clous rivés. Ces supports étant destinés à porter toute la couverture de la cheminée, il faut qu'ils soient forts; pour cela, on aura deux barres de fer d'un bon demi-pouce en carré, auxquelles on fera un trou au milieu qui servira à fixer la couverture; on en fera aussi deux autres à égales distances, qui répondront à ceux du châssis, pour pouvoir les attacher sur ce même châssis. Ces barres de fer seront assez longues pour être repliées aux deux bouts, comme on le voit à la lettre *P*, en façon d'équerre, pour décliner et descendre de 2 pouces au moins au-dessous du bord de la cheminée, et ensuite s'étendre horizontalement et directement à leur position de 5 ou 6 pouces, ou plus, selon la grandeur de la cheminée, étant terminées par un bec recourbé; enfin, elles doivent faire le même effet représenté par le profil d'un côté de la cheminée *R*. Les supports étant bien arrêtés sur le châssis, il faut l'appliquer sur l'ouverture du tuyau de la cheminée, et le fixer des quatre côtés avec autant de crampons de fer *D*, repliés de façon qu'ils embrassent le châssis et l'épaisseur du mur de la cheminée, et qu'ils descendent en dedans et en dehors de 8 ou 10 pouces, pour être ensuite arrêtés avec des clavettes qui passent de part et d'autre. C'est pour cela qu'on aura l'attention de faire les trous des crampons vis-à-vis l'un de l'autre; ces crampons auront la même épaisseur et largeur que les bandes qui composent le châssis. A l'égard de la couverture, elle doit être de fer blanc ou de tôle, en figure longue et en dos d'âne, ressemblant au couvercle d'un bahut. Après y avoir fait deux trous sur le sommet, qui répondent à ceux qui ont été faits au milieu des deux supports, il faut la placer sur l'ouverture de la cheminée, de façon qu'elle porte également sur les quatre bouts des deux supports, à égale distance de chaque côté; et afin que la violence des vents ne puisse pas l'enlever, il faut l'attacher avec deux grands clous d'un pouce de diamètre ou environ, dont la tête sera en vis : on les fait passer par-dessous la couverture, dans les trous qui y ont été faits exprès, et on les introduit dans ceux qui sont au milieu des supports; ensuite il faut les arrêter par-dessous avec des clavettes, et par-dessus la couverture avec leurs écrous. L'auteur n'indique point précisément la mesure de cette couverture, parce qu'elle doit être faite suivant la longueur et la largeur du tuyau de la cheminée; il suffit de savoir qu'elle doit déborder de tous côtés de 5 ou 6 pouces, parce que, comme la fumée se dilate naturellement lorsqu'elle est parvenue au sommet du tuyau, elle trouvera dans la largeur et la concavité de la couverture assez d'espace pour cela, et en même temps pour s'exhaler librement par ses bords. On comprendra facilement, en voyant la figure des supports, qu'il faut que la couverture descende plus bas que le bord de la cheminée, afin d'en interdire l'entrée au vent, à la neige, à la pluie et aux rayons du soleil. La figure mettra le lecteur mieux au fait que le détail que nous venons de faire. Les différentes parties de la couverture y sont marquées; comme *A*, le châssis appliqué sur la cheminée; *D*, un des quatre crampons du châssis; *P*, un des deux supports pour soutenir la couverture; *E*, un des deux grands clous, avec son écrou par-dessus, et sa clavette par-dessous, pour arrêter la couverture; *P*, les deux supports appliqués sur le châssis; *R*, profil d'un côté de la cheminée avec son support et son crampon; *B*, la couverture; *C*, la cheminée couverte.

La fig. 13 représente une petite cheminée de cabinet, ou d'une petite chambre d'étude, telle qu'on les construit en plusieurs endroits, mais plus communément en Flandres, dans laquelle on a pratiqué, par le moyen d'un cercle de fer, une espèce de fourneau, qui, outre les prérogatives d'échauffer considérablement une chambre avec fort peu de bois, conserve encore celles d'un poële de fonte, sans en avoir les incommodités, par la température de la chaleur qui s'entretient toujours au même degré, sans crainte qu'elle porte à la tête la moindre incommodité; outre ces avantages, il a aussi celui d'exclure totalement la fumée de la chambre.

Pour en venir à l'exécution, il faut placer au milieu de la cheminée, sur la même ligne de ses jambages, un cercle de fer *A*, dont le diamètre contiendra les deux tiers de la largeur de la cheminée; ce cercle doit être fermé seulement jusqu'à la sixième partie de son diamètre, dont les deux bouts, étant ouverts, forment les deux pieds droits pour soutenir le fourneau; ce cercle doit avoir environ deux pouces de largeur sur six lignes d'épaisseur; lorsqu'il est placé, il faut fermer en maçonnerie de brique tout l'espace qu'il y a entre les pieds droits du cercle de fer et le contre-cœur de la cheminée. Etant parvenu au commencement du contour du cercle, il faut continuer la maçonnerie jusqu'à l'autre extrémité, mais en pratiquant une petite voûte bombée, c'est-à-dire dont le profil soit cintré dans toute sa progression, *B*. Au milieu de la partie supérieure de cette voûte, il faut laisser une ouverture d'un demi-pied de diamètre environ, pour l'issue de la fumée. On y pratique au-dessus un tuyau en brique qui monte jusqu'au-dessous du chambranle. Tout l'espace qui reste hors du cercle de fer jusqu'aux jambages de la cheminée, doit être fermé en maçonnerie de brique *D*; on peut ensuite le recrépir proprement avec du plâtre, et l'orner, si l'on veut, de peintures. La lettre *E*, placée entre les deux pieds droits du cercle de fer, marque la place d'un gril de fer posé horizontalement, qui doit tenir lieu d'âtre, et qui, par conséquent, sera de la grandeur de la place, où il doit être attaché solidement. Pour cela il faut avoir laissé deux retraites à la maçonnerie pour le placer dessus. Le grillage *F*, qui est attaché au-dessus, sert à retenir le bois qu'on met sur le gril, pour qu'il ne tombe pas sur le pavé de la chambre; il suffit que ce grillage monte jusqu'à la naissance du cercle; et le vide *Q*, qui est au-dessous du gril, sert à donner de l'air au feu, et à recevoir les cendres qui tombent du gril; pour empêcher qu'elles ne se répandent trop avant dans la chambre, il faut placer sur le pavé une bande de fer sur champ amovible.

Pour conserver la chaleur du cabinet, il faut, lorsque le bois sera tout consumé, et qu'il ne fumera plus, boucher le haut du petit tuyau de brique avec une lame de fer que l'on passe par une fente qu'on aura laissée vis-à-vis, dessous le chambranle *G*.

Les cheminées de Nancy sont faites de tôle ou de cuivre, tant pour le contre-cœur et les jambages, que pour le petit tuyau, et disposées d'une façon qui n'a rien que d'agréable à la vue (*fig.* 14); car c'est une espèce de petit pavillon carré *A*, d'où pendent de chaque côté comme deux rideaux *B b* à demi tirés, et arrêtés, qui servent de jambages, avec un fond *C*, qui fait le contre-cœur; rien ne ressemble mieux à un trône. On peut juger de tous les avantages de cette cheminée par sa configuration. Elle échauffe considérablement la chambre, puisque la chaleur du feu ne peut point sortir par l'ouverture de la cheminée, qui est bouchée totalement avec une plate-forme de tôle *D*, coupée exactement suivant la mesure de l'ouverture de la cheminée, et échancrée d'une face pour recevoir le petit tuyau *E*, qui termine par en haut le pavillon, et qui doit sortir d'un demi-pied par la plate-forme, laquelle doit être appliquée au niveau de la tablette; elle doit encore avoir une petite trappe de chaque côté, d'un demi-pied environ en carré, qui ferme en tombant, et qu'on puisse ouvrir facilement lorsqu'on voudra faire monter quelqu'un pour ramoner la cheminée. On aura soin d'enduire les joints avec du plâtre, afin que l'air extérieur qui descend par la cheminée ne vienne point refroidir la chambre. La même plate-forme sert aussi à empêcher que la fumée, qui est souvent repoussée par les vents, ne reflue dans la chambre; et si le vent était si violent, qu'il en fît rentrer par le petit tuyau, elle serait arrêtée et réfléchie par un rebord *F*, fait en retraite au-dessous du pavillon.

Il faut user de bois coupé court, qui ne passe pas les pieds droits de la cheminée de tôle, laquelle doit être appliquée au milieu, et joignant le contre-cœur de la cheminée de la chambre. Quant à la mesure de cette petite cheminée de tôle, elle doit être proportionnée à la grandeur de la cheminée de la chambre; par exemple, pour une cheminée de 4 pieds de large, la cheminée de tôle doit avoir 1 pied et demi de profondeur, 2 pieds et 2 pouces de largeur, et 2 pieds de hauteur, en prenant depuis l'âtre jusqu'au bord du petit pavillon, qui s'élève ensuite en se rétrécissant insensiblement, et forme un petit tuyau carré qui doit sortir d'un demi-pied par-dessus la plate-forme.

De plus, il doit y avoir sur ce tuyau une petite trappe de tôle *R*, qu'on puisse ouvrir et fermer par le moyen d'une verge de fer, qui y est attachée par un piton, et dont l'autre bout est replié pour pouvoir l'arrêter. Cette petite trappe sert à boucher le haut du petit tuyau, lorsqu'on veut conserver la chaleur du feu dans la chambre, après toutefois que le bois est consumé, et qu'il ne rend plus de fumée.

CHAPITRE VI.

Suite des moyens imaginés par les anciens auteurs pour empêcher les cheminées de fumer. — Cheminées de Gauger. — Machine de Justel.

On avait cru que, puisqu'il sortait une partie de l'air de la chambre avec la fumée, il fallait nécessairement y en faire entrer de nouveau par quelque endroit pour suppléer à celui qui s'échappait continuellement; pour cela, on s'était avisé de pratiquer une ouverture à la fenêtre, en ôtant un carreau de vitre que l'on adaptait par un cadre à une petite coulisse, au moyen de quoi on pouvait l'ouvrir et le fermer au point que l'on voulait; mais on s'est bientôt aperçu qu'en voulant se délivrer de l'incommodité de la fumée, on en contractait une autre également fâcheuse, je veux dire le vent et le froid qui entraient dans la chambre par cette ouverture. D'ailleurs, on n'était pas toujours délivré de la fumée par ce moyen, elle y rentrait même quelquefois avec plus de force, lorsque, par exemple, le vent venait du côté opposé à celui de la fenêtre.

Dans la suite quelques-uns ont cru mieux faire en mettant horizontalement dessous et le long du manteau de la cheminée, un tuyau percé, en tous sens, d'une infinité de trous dans toute sa longueur, qui, ayant communication avec l'air extérieur, en restituait à la chambre par ces petits trous. A la vérité, cette invention est meilleure que la précédente; mais elle est encore imparfaite, parce que ce tuyau étant percé en tous sens, et placé au-dessous du manteau de la cheminée, il en résulte les mêmes inconvéniens par le froid qui sort des trous qui sont du côté de la chambre, et par où le vent souffle directement en face de ceux qui sont assis devant le feu. Il fallait corriger cette invention, c'est ce qu'on a fait, et voici comment :

Avant toute chose, il faut remplir en maçonnerie les deux coins de la cheminée (*fig.* 15), jusqu'à la hauteur de la tablette, ou des bras du canal dont nous allons parler, de façon qu'ils présentent une plate face au lieu d'un angle, si c'est dans une grande cheminée, ou bien une portion de cercle, si c'est dans une petite; ou, pour s'expliquer plus clairement, on donnera aux jambages de la cheminée une disposition parabolique *R r*. Ensuite il faut tâcher de tirer de dehors assez d'air pour chasser la fumée sans le secours de l'air intérieur de la chambre, qui lui est absolument nécessaire : pour cela on fera deux ouvertures *A a*, chacune d'un demi-pied en carré, une à chaque côté du contre-cœur de la cheminée, vis-à-vis et à la hauteur de la tablette *B*; ou, s'il y a un appartement derrière la cheminée, on fera ces ouvertures au mur qui communiquera à l'air extérieur, soit de la rue ou d'une cour, ou de quelque autre endroit semblable; mais qui portera l'air toujours à la hauteur de la tablette, autant que faire se pourra. Vis-à-vis de chaque ouverture *A a*, et tout le long du mur collatéral de chaque côté de la cheminée, on construira, en ligne droite et horizontale, un tuyau de brique *C c*, ou de tuiles plates, liées et cimentées avec du plâtre; et la partie supérieure de chaque tuyau, dont le diamètre sera partout un peu plus large que l'ouverture, se terminera, dans toute son étendue, en espèce d'auvent, appuyé au mur collatéral de la cheminée.

Ensuite, on fera en dedans de la cheminée un canal qui régnera horizontalement de droite à gauche tout le long de la tablette *d e f g*, mais sans toucher le mur, à l'extrémité duquel viendront aboutir, de part et d'autre, en lignes parallèles, les deux tuyaux *c c*, dont on vient de parler, pour y porter l'air qu'ils reçoivent du dehors par les ouvertures *A a*.

Ce canal doit être fait aussi de tuiles plates, liées et cimentées avec du plâtre, mais disposées en parpin, et placées en ligne droite et perpendiculaire, de sorte que la partie supérieure de ce canal se termine insensiblement, et aboutisse au manteau de la cheminée, en paraissant ne faire qu'un même corps.

La partie inférieure de ce canal portera, dans toute sa longueur, sur une bande de fer *h i k*, large de 2 pouces et demi sur 4 ou 5 lignes d'épaisseur, et assez longue pour entrer, de part et d'autre, dans les murs collatéraux sur lesquels elle portera.

Cette bande de fer, aussi bien que la partie inférieure du canal qui porte dessus, doit être isolée, de façon qu'elle soit éloignée de 2 ou 3 pouces de la grande pierre *L l*, qui forme la tablette de la cheminée, et élevée de 3 ou 4 pouces de plus que cette même pierre.

Il est vrai que ce canal paraît bien étroit, puisque, suivant ce qu'on a dit, il n'aura guère plus de 2 bons pouces de large : mais, en revanche, on le fera assez haut pour contenir à peu près le même volume d'air qui y entre par les deux bras, ou tuyaux *c c*, qui doivent être supportés chacun par une petite planche large de 8 pouces environ, et assez longue pour porter par un bout sur la bande de fer, et par l'autre sur le mur dans l'ouverture *a A*. Sa partie de dessous sera cachée par la maçonnerie qui formera la construction parabolique des jambages de la cheminée, laquelle se terminera à cette planche.

Nous avons dit que la bande de fer devait être éloignée du manteau de la cheminée de 2 ou 3 pouces, afin que la partie inférieure du canal qui porte dessus ait deux faces; à celle qui regarde le manteau de la cheminée, on y fera des trous de 1 pouce de diamètre, à la distance de 8 ou 10 pouces l'un de l'autre, par où doit sortir l'air qui viendra dans le canal, lequel se réfléchira ensuite sur une bande de tôle que l'on mettra sur le champ à la distance de 2 pouces environ de ces trous; elle sera de la même mesure que la largeur de la cheminée; et comme il serait difficile, à raison de sa situation, de la faire porter sur les murs collatéraux, elle sera supportée à chaque bout par une patte de fer, fourchue ou fendue, et elle sera assez large pour qu'elle joigne exactement par sa partie supérieure la grande pierre de la cheminée, dont tout le long de la jointure sera enduit de plâtre, et pour que, par sa partie inférieure, qui doit être légèrement pliée, ou plutôt tournée vers le feu, en s'éloignant de la perpendiculaire en façon de plan incliné, elle descende de 2 ou 3 pouces au dessous de la bande de fer *h i k*, sans pour cela qu'elle paraisse beaucoup dans la chambre, s'il est possible.

On pourrait faire ce canal de tôle ou de fer blanc, au lieu de tuiles plates ; il serait même plus tôt fait ; mais il serait à craindre qu'étant plus facile à échauffer que l'autre, l'air ne s'y raréfiât trop, de sorte qu'il ne sortirait plus avec la même force, et ne repousserait pas si bien la fumée.

Nous avons dit que le canal *d e f g* devait compenser par sa hauteur le peu de largeur qu'il aurait étant supporté par une bande de fer qui n'aurait guère que 2 pouces de large : cependant il semble que, quoiqu'il n'eût pas la même capacité pour contenir un volume d'air tout-à-fait égal à celui qui fait effort pour entrer par les tuyaux *c c*, l'effet n'en paraîtrait que plus assuré pour chasser la fumée; 1° parce que l'air renfermé dans le canal *d e f g* étant en moindre quantité que celui qui presse dans les tuyaux *c c*, il aura moins de force pour résister à son action et pour le repousser ; 2° parce qu'étant poussé par une force supérieure à sa résistance, il sortira avec plus de rapidité par les trous pratiqués dans la partie inférieure du canal, et agira par conséquent avec plus de force vers la flamme pour chasser la fumée.

Nota. Que, si la cheminée était située de telle façon qu'on ne pût pas prendre facilement de l'air par derrière ou par les côtés, on pourrait en faire entrer par le haut du tuyau de la cheminée, en y pratiquant dedans deux petits tuyaux qui descendraient au niveau de la tablette, d'où l'air irait dans les bras du canal *d e f g* ; mais il faudrait que ce fût en bâtissant la cheminée, autrement il y aurait beaucoup plus de difficulté. On pourrait aussi, en cas de besoin, tirer de l'air par en bas, en pratiquant des soupireaux qui viendraient aboutir aux deux coins de la cheminée, et qui monteroient le long et derrière la construction parabolique des jambages, pour communiquer l'air extérieur aux bras du canal *d e f g*.

Malgré tous les avantages qu'on a pu remarquer dans cet expédient, on voit quelquefois qu'un vent d'ouest très-violent, qui enfile la longueur de l'ouverture du tuyau de la cheminée, ou un vent de nord, à raison de sa direction de haut en bas, sont capables de faire fumer les meilleures cheminées ; pour prévenir cet inconvénient, il est à propos de couvrir le haut du tuyau de la cheminée d'une des façons que nous avons marquées ci-dessus, et qui lui sera la plus convenable, eu égard à sa situation, ayant attention de laisser assez d'ouverture pour le passage de la fumée.

On a cru qu'il était possible de construire une cheminée fort simple et à peu de frais, au moyen de laquelle, non seulement on empêche la fumée, mais on procure même tous les avantages des cheminées de M. Gauger, si on en excepte le renouvellement de l'air de la chambre. La description qu'on en va donner démontrera l'utilité de cette invention.

A B (*fig.* 16) est une partie du mur contre lequel la cheminée est adossée; *C* en est l'âtre, et *D E* les deux jambages : jusque là il n'y a rien d'extraordinaire, si ce n'est que l'âtre doit caver un peu à l'endroit *C*. Tout le secret de cette cheminée dépend de deux espèces de caisses faites de tôle forte, dont la figure est assez singulière : 1, 2, 3, 7, et 6, 8, 4, 5, sont ces deux caisses placées aux deux côtés de la cheminée, en dedans : elles ont chacune une pièce pareillement de tôle, 2, 3 et 4, 5, qui en font les joues, telles qu'on en voit une représentée par *a b c d* (*fig.* 17) 2, 7, 1. *C* (*fig* 16) en est la partie concave formée par une ligne parabolique 2, 7, et par en haut, en forme de section sphérique, 2, 7, 1, ou par *a d e f* (*fig.* 17), 3. *C* 4 est une autre pièce de tôle de même hauteur que les deux précédentes, appliquée au fond de la cheminée, à l'âtre *C*, bien assujettie avec des clous, et faisant corps d'un côté avec les deux parties, 2, 3 et 2, 7, et de l'autre avec les parties 5, 4 et 5, 8. Il y a une sixième pièce de tôle, 7, 8, qui est aussi de la même hauteur que les autres, et clouée aux deux parties concaves qui forment l'intérieur parabolique de la cheminée. Pour achever cette caisse, il faut encore deux petites joues, *g h e*, dont on voit un côté ponctué, *g h*, et le couvercle *d c g e*, et autant de l'autre côté de la cheminée : ces pièces doivent être bien jointes ensemble, afin que l'air extérieur ne puisse y entrer. Entre la pièce 7, 8 (*fig.* 16), qui sert d'âtre et la plaque 3, *C* 4, il y aura pour couvercle une petite pièce de tôle; ou bien, si l'on aime mieux, le couvercle, étant tout d'une pièce, aura la forme 2, 3, *C* 4, 5, et on y pratiquera en 9, 7, 8, 10 une ouverture pour laisser passer la fumée du foyer; cette ouverture se fermera à volonté au moyen d'une trappe de tôle de même grandeur que le trou, et qui aura des charnières, 9, 10. De chaque côté de la cheminée, au haut des jambages, on pratiquera les ouvertures 3, 4 (*fig.* 16), qui auront communication à la caisse de tôle par le trou *C* qui est à la joue *a b c d* (*fig.* 17), et une ouverture semblable de l'autre côté : ces deux trous seront placés dans la partie supérieure de la caisse, pour répondre directement au trou *I* qui est à côté de la cheminée (*fig.* 18.)

A chaque côté de la caisse de tôle, il y aura une ouverture *K L* (*fig.* 2 et 3), qui se fermera avec une petite coulisse *M*; la pièce de tôle *N* (*fig.* 18), qui paraît suspendue par ses charnières, est la trappe pour boucher le trou par où la fumée du foyer entre dans le tuyau de la cheminée. *O* est un enfoncement dans le foyer de 1 pied de largeur et de longueur, et de 1 pouce de profondeur, destiné pour recevoir les cendres du bois, et donner de l'air au feu.

Le feu placé au foyer *O* (*fig.* 18), quelque grand qu'il soit, passe par le trou de la trappe *N*, qui, ayant 1 pied d'ouverture en carré, est assez grand pour laisser passer un Savoyard lorsqu'on veut nettoyer la cheminée. Il faut observer que cette caisse soit posée très-proprement dans la cheminée, scellée avec du plâtre, et bouchée hermétiquement partout, de manière que l'air du tuyau de la cheminée ne puisse pas s'y introduire. Lorsque le feu est allumé, il échauffe la caisse de tôle; pour lors, l'air qui se trouve contenu dans ses cavités 2, 3, 7, et 5, 8, 4 (*fig.* 16), et derrière l'âtre 7, 8, étant échauffé, se dilate; mais, comme il est plus léger, il cherche toujours à s'élever, et, ne trouvant d'issue que par les trous 3 et 4, il rentre dans la chambre et l'échauffe. Pour entretenir ce mouvement continuel d'air, on lève la coulisse *M* (*fig.* 18), afin qu'il entre en *K*; ainsi, tant que la cheminée est échauffée par le feu du foyer *O*, l'air entre continuellement par le trou *K*, et sort par le trou *I*, ce qui ne cesse de procurer dans la chambre un air toujours chaud.

De plus, le feu du foyer *O* réfléchit toute sa chaleur dans la chambre par un effet de la propriété de la courbe parabolique *a L f*, et de la concavité supérieure *d c h*; ce qui augmente considérablement la chaleur. Pareillement, l'action du feu qui tend toujours à s'élever, portant sur l'ouverture de la trappe *N*, laquelle est de deux tiers plus étroite que le tuyau de la cheminée, elle en chasse toute la fumée qui ne peut descendre, parce que le feu, qui s'élève avec beaucoup de vitesse et de force dans ce passage étroit, lui oppose trop de résistance.

Machine qui absorbe la fumée, par Justel.

Dalesme a inventé une machine portative qui, malgré son petit volume, absorbe la fumée de toutes sortes de bois, et cela de manière que l'œil le plus sensible ne peut point en apercevoir dans la chambre, ni le nez le plus délicat en sentir, quoique le feu soit parfaitement à découvert. Cette machine est composée de plusieurs tuyaux de fer d'environ 4 ou 5 pouces de diamètre, qui s'emboîtent l'un dans l'autre; elle se tient droite au milieu de la chambre sur une espèce de trépied fait exprès, (*fig.* 19). *A* est le lieu où l'on fait le feu en y mettant deux petits morceaux de bois; il n'y aura pas la moindre fumée ni en *A* ni en *B*. On ne peut en approcher la main de plus d'un demi-pied, à cause de la grande chaleur. Si vous tirez du feu un des morceaux de bois qui sont en *A*, il fume à l'instant; mais il cessera de fumer dès qu'on le remettra dans le feu. Les choses les plus puantes ne produisent pas la moindre odeur dans cette machine, et tous les parfums s'y perdent, ce qui n'arrive que quand le feu en *A* est bien allumé, et que le tuyau *B D* est fort chaud, de sorte que l'air qui nourrit le feu ne peut point entrer de côté-là, et ne frappe que sur le feu qui est à découvert; par ce moyen, la flamme et la fumée sont obligées de passer en dedans, à travers les morceaux de bois qui sont dans le fourneau *A*. Ces parties se dispersent et se raffinent tellement dans le passage qu'elles ne peuvent offenser la vue ni l'odorat.

CHAPITRE VII.

Moyens imaginés par les AUTEURS MODERNES pour empêcher les cheminées de fumer.

TRAVAUX DE CLAVELIN.

Le Mémoire de Clavelin présenté à l'Institut est le fruit d'une longue suite d'expériences répétées, avec une persévérance remarquable, pendant un grand nombre d'années, variées de toutes les manières, changées suivant un plan qui n'avait encore été connu par personne, couronnées par des résultats dont la précision jette un nouveau jour sur les phénomènes principaux de la statique de l'air et du feu ; phénomènes dont plusieurs n'ont été jusqu'ici qu'imparfaitement appréciés.

On peut diviser ce Mémoire en trois parties :

1°. La première traite des principes physiques de la statique de l'air et du feu.

2°. La seconde traite des phénomènes de cette statique dans nos habitations.

3°. La troisième traite des effets résultant des différens rapports et des dispositions variées qu'on peut établir entre les ouvertures qui donnent entrée à l'air, les différentes capacités des âtres, les directions variées et les divers évasemens des cheminées; d'où résulte la connaissance des proportions qui doivent être préférées dans la construction des foyers ordinaires pour éviter le reflux de la fumée dans nos appartemens, fléau domestique qui les rend quelquefois inhabitables. Nous allons essayer de donner une idée de ce qu'il y a de nouveau dans cet ouvrage, et quoique la troisième partie soit la principale et la plus importante, nous allons présenter un court extrait de ce que contiennent les deux premières.

Première partie.

Dans la première partie, après avoir donné une histoire assez étendue de l'art, relativement à la fabrication des cheminées, Clavelin traite, dans différens chapitres, de la nature de l'air, des bois, du charbon, du feu, de la chaleur, du froid, de la flamme, de la fumée, de la suie, de la cendre, des vents coulis, de l'influence générale de l'air et du feu sur la santé, du renouvellement de l'air, tant pour dissiper des émanations animales, que pour la transmission de la chaleur dans différentes pièces.

Le chapitre des bois contient une table faite avec soin de la pesanteur comparative des bois verts et secs les plus en usage en France, éprouvée sur 30 espèces de bois, et sur des morceaux d'un pied cube de proportion; l'auteur les a fait tous équarir, et pour le même jour, et ensuite il les a fait couper en bûchettes minces et sécher en cet état.

L'auteur observe avec raison que la chaleur que rendent les bois en brûlant n'est pas absolument en proportion de leur masse, mais seulement de leur masse combustible, en sorte qu'il y a deux choses à combiner pour estimer la chaleur que produisent les bois qu'on brûle :

1°. La masse solide, qui est la masse qui leur reste après la dessiccation.

2°. La quantité des cendres qu'ils laissent, et qu'il faut extraire de la masse solide pour avoir la masse combustible; ainsi le hêtre, moins pesant que le chêne, et qui laisse beaucoup moins de cendres après sa combustion, chauffe en conséquence beaucoup plus.

Pour estimer comparativement la quantité de chaleur qui s'échappe des différens bois en brûlant, Clavelin se sert d'un fourneau de tôle sur lequel il place une cuvette remplie d'eau, dans laquelle il plonge un thermomètre; il brûle dans le fourneau égale quantité de copeaux secs des bois qu'il compare, et le thermomètre s'élève à différentes hauteurs, selon la nature des bois livrés à la combustion. Quelque imparfaite que soit cette méthode, elle indique des différences remarquables, et l'on y voit, par exemple, que les bois denses et résineux, à égalité de masse, donnent plus de chaleur que les bois poreux, légers et aquatiques. Il en résulte aussi que les bois blancs, tels que le peuplier, le saule, etc., sont les plus mauvais à brûler; que le jeune chêne brûle bien et donne beaucoup de chaleur; que le vieux noircit, donne un charbon qui s'écaille et s'éteint promptement; que les meilleures bûches de ce bois sont les rondins de 3 à 4 pouces; que le charme brûle bien, mais que le hêtre brûle mieux, donne peu de fumée, un charbon durable, et laisse peu de cendres.

Dans le chapitre du feu, Clavelin donne les détails d'une expérience ingénieuse dont le but est de connaître quels effets résultent de la flamme qui frappe les corps, suivant différentes directions, plus ou moins, soit perpendiculaires ou autrement. Cette expérience a de l'analogie avec une autre sur l'impulsion de l'air, dont parle l'auteur de la *Nouvelle Construction des Cheminées*. Clavelin en fait mention dans son ouvrage, et en donne une explication très-juste et très-satisfaisante.

Cette expérience a pour objet d'observer les proportions respectives des angles d'incidence et de réflexion d'une colonne d'air poussée sur un plan horizontal, par une force déterminée et sous des angles différemment ouverts.

Dans la sienne, Clavelin observe deux effets différens de l'impulsion de la flamme sous divers angles. Ces effets sont la communication de la chaleur et la réflexion des angles.

L'appareil de Clavelin consiste dans un demi-cercle de métal de 20 à 25 pouces de rayon, établi verticalement sur un plan horizontal. On fixe à ce demi-cercle, dans la direction des rayons de la circonférence au centre, et sous les angles de diverses ouvertures, des cartouches bien égales en volume, en diamètre et en impression de la poudre qui les remplit.

Dans tous les cas, on met le feu aux cartouches, et la flamme qui s'en échappe forme une colonne qui se dirige vers le centre du demi-cercle.

L'explosion est la force impulsive : elle est proportionnelle à la quantité de poudre, à sa condensation, et au diamètre du canal dont elle sort; et comme toutes ces conditions sont supposées égales dans toutes les cartouches, il s'ensuit que, dans toutes les expériences, la force impulsive est nécessairement égale.

Cela posé, dans une des expériences faites avec cet appareil, le plan horizontal est une table couverte d'une main de papier; une cartouche, fixée au degré 90, et par conséquent tombant à angle droit sur le plan, perce 15 feuilles : une seconde, fixée au degré 45, en perce 9; une troisième, sous un angle de 20°, en perce seulement 6. Cette expérience, répétée plusieurs fois, donne constamment à peu près les mêmes proportions.

Dans une autre expérience, le plan horizontal est une table de cuivre d'une ligne d'épaisseur, sous laquelle, vers le point qui correspond au centre du demi-cercle, est placée un thermomètre marquant avant les expériences 8° de Réaumur; la première cartouche, fixée au 90°, fait monter le thermomètre à 6°; la seconde, sous un angle de 45°, le fait monter à 5; la troisième, sous un angle de 20°, le fait monter à 4, etc.

Il résulte de là que l'obliquité de la direction diminue de l'intensité de l'ignition des corps combustibles, et de celle de la chaleur communiquée; mais il en résulte aussi que les proportions marquées par le thermomètre ne sont pas correspondantes avec les profondeurs auxquelles parvient l'ignition, ni avec l'ouverture respective des degrés.

Clavelin observe aussi que, sous quelque angle que la colonne enflammée frappe le plan horizontal, elle se réfléchit toujours sous un angle de 5 à 10 degrés; observation conforme à celle d'un savant sur les réflexions de la colonne aeriene poussée sous divers angles.

L'identité de ces deux effets n'a rien d'extraordinaire, la flamme n'étant point un fluide particulier, et l'explosion de la poudre, n'étant que l'effet du dégagement d'un fluide élastique, analogue à l'air, au moins par ses propriétés physiques, et dont la statique, par conséquent, doit présenter les mêmes phénomènes.

Un objet digne d'attention était la manière dont la chaleur se distribue dans une chambre et la quantité qui s'en dissipe dans nos constructions. L'expérience dont Clavelin se sert pour déterminer la manière dont la chaleur se distribue dans une chambre n'est pas nouvelle. Elle se fait avec six thermomètres, placés à différentes hauteurs et éloignemens du foyer. Il résulte que la chaleur, diminuant à mesure qu'on s'éloigne du foyer, se répartit ensuite dans la partie la plus reculée de la chambre, de maniere que les couches supérieures sont les plus chaudes; ce qui est conforme à la statique de l'air, qui devient spécifiquement plus léger quand il est dilaté par la chaleur. Clavelin entreprend ensuite, par une seconde expérience, de faire connaître quelle proportion totale de chaleur résulterait d'une quantité donnée de combustible, si les issues de la chambre dans laquelle ce combustible se consume n'en opéraient pas une déperdition continuelle. Pour cela, Clavelin suspend une corbeille de fil de fer au milieu d'une chambre scellée de toutes parts et suspend un thermomètre à égale distance de la corbeille et des murs; il brule une quantité déterminée de bois dans la corbeille, et examine la progression que suit le thermomètre en s'élevant, la durée de son état stationnaire, et le temps qu'il met à descendre d'une quantité déterminée.

On conçoit qu'il résulte de cette expérience une quantité de chaleur, en proportion du bois consumé, supérieure à celle que renferme nos foyers. Mais elle donne lieu à une observation plus remarquable, c'est que les résultats de cette expérience, qui offrent constamment les mêmes proportions, quand le degré de température de l'atmosphère est au même point, diffèrent notablement dans des températures différentes, et qu'il paraît que, plus la température est froide, plus les proportions de chaleur produites sont considérables;

en sorte qu'il résulterait des faits observés par Clavelin que le thermomètre étant à un degré au-dessous de o, 16 gros et deux neuvièmes donneraient plus d'un degré de chaleur dans l'espace d'une minute, tandis que le thermomètre étant à 5 degrés au-dessous de o, il en faudrait 19 gros et demi pour donner dans une minute un seul degré de chaleur.

Deuxième partie.

Clavelin ne présente à ce sujet aucune expérience qui lui soit propre sur la force impulsive des vents, et il se contente de former une table d'après celle qu'a dressée Bouguer, pour calculer la force de percussion perpendiculaire de l'eau, sur un plan immobile, dont la surface est d'un pied carré; cette table est composée de deux colonnes, l'une des vitesses, l'autre des impulsions proportionnelles : Clavelin divise les résultats de Bouguer par 850, différence de densité entre l'air et l'eau.

Dans le chapitre suivant, Clavelin présente une longue suite d'expériences dont les résultats forment plusieurs tables; l'objet est, dans les percussions produites par un courant d'air dont la force et l'accélération sont connues, de déterminer ce que les directions plus ou moins inclinées du courant, ce que l'éloignement de la force impulsive, ce que le partage du courant opéré par diverses issues diversement disposées, peuvent opérer de changemens dans l'effet principal de la machine.

L'appareil consiste, d'une part, dans un volant composé de 6 ailes, placé dans un tambour, dans lequel l'air entre par une ouverture proportionnée. L'axe du volant porte hors du tambour une aiguille qui sert à indiquer le nombre de tours que fait le volant.

D'autre part, on a un soufflet garni d'une tuyère droite ou recourbée, selon le besoin; à une des branches, qui est la branche fixe, est attachée une règle circulaire graduée, en sorte que l'on peut élever le côté mobile du soufflet à une hauteur déterminée, et que ce côté, retombant par son poids, s'abaisse dans un espace de temps connu. Enfin, on a une caisse représentant une chambre avec sa cheminée; à cette caisse sont pratiquées 3 ouvertures,

1°. A la face de la cheminée;

2°. Une à une des parois latérales de la caisse;

3°. La dernière du même côté que la cheminée.

Ces ouvertures sont fermées à volonté par des coulisses : elles ont 2 pouces carrés, et la tuyère du soufflet 6 lignes de diamètre intérieur.

Avec cet appareil, Clavelin essaie d'abord quelle puissance l'impulsion du vent exerce sous différens angles d'incidence en agissant directement sur son volant. Ensuite, adaptant son volant au haut de la cheminée de sa petite chambre et son soufflet à l'une des ouvertures, il varie les expériences de la manière suivante :

1°. Le soufflet étant dans une des ouvertures, les deux autres sont fermées ;

2°. L'une et l'autre sont alternativement ouvertes. Ce n'est pas tout : dans chacune de ces variations le soufflet est, ou à des distances différentes, c'est-à-dire, ou introduit de 4 pouces dans l'ouverture, qui alors est jointe à la tuyère avec du papier collé ; ou placé hors de cette même ouverture à 1, 2, 4, 6 pouces, à 1, 2, 3 pieds de distance.

Il résulte pour chaque expérience une table composée de 3 colonnes, une desquelles contient les différens éloignemens du soufflet, la seconde la durée de temps qu'il met à s'abaisser, la troisième le nombre de tours que fait le volant à chaque impulsion du vent.

Outre les effets qu'il est aisé de présumer dans une pareille expérience, en voici quelques-uns qui sont dignes d'une attention particulière.

De toutes les impulsions, il était naturel de croire que l'impulsion perpendiculaire était la plus forte ; mais on ne pouvait pas présumer que l'impulsion postérieure aurait un effet plus puissant que l'impulsion latérale; cependant, cela paraît confirmé dans presque toutes les dispositions correspondantes des deux épreuves; mais ce qu'il y a de plus remarquable dans cette suite d'expériences, c'est la proportion entre la distance du soufflet et l'impulsion qu'en reçoit le volant; cette impulsion augmente toujours à mesure qu'on éloigne le soufflet, jusqu'à ce qu'il soit placé à 6 pouces hors de l'ouverture; c'est là qu'a lieu le *summum* de l'impulsion qu'il communique.

Ensuite, cette impulsion diminue constamment à mesure qu'on l'éloigne davantage.

M. Clavelin en donne une raison très-juste et très-facile à concevoir; elle est fondée sur les proportions respectives de l'épanouissement des rayons aériens au sortir de la tuyère et de l'espace que leur présente l'ouverture vers laquelle ces rayons sont dirigés.

Ce qu'il n'est pas aisé de comprendre, c'est que la distance du soufflet à 6 pouces de l'ouverture a, dans les cas, un effet supérieur à celui qui a lieu lors même que la tuyère y est introduite de 4 pouces, et y est, outre cela, scellée avec du papier collé. Clavelin avertit que, pour corriger l'inégalité qui se rencontre quelquefois entre les résultats d'expériences semblables, répétées à plusieurs reprises, il prend le terme moyen de 10 ou 12 expériences pareilles, en divisant la somme totale des effets par le nombre des expériences.

Des expériences plus essentielles et plus instructives sont celles que Clavelin a faites avec un appareil bien simple, qu'on nomme le *poële sans fumée*.

En 1686, Dalesme en publia les phénomènes dans le Journal des Savans (vol. de 1686, p. 83), et de La Hire en rendit compte à l'Académie, comme on le voit pag. 692 du 10ᵉ vol. de la Collection académique. Dans la même année, Justel fit part des expériences de Dalesme à la Société royale de Londres, et elles furent imprimées, avec une fig., dans le n° 181 des Transactions philosophiques. Cette machine a été connue depuis sous le nom de *poële de Justel*.

La machine de Dalesme, telle que l'indique le Journal des Savans, n'est autre qu'un tuyau recourbé dont les 2 ouvertures regardent en haut. L'une des branches est fort courte et sert de foyer, etc.

La figure insérée dans les Transactions philosophiques représente un tuyau composé de deux branches qui se rencontrent à angle droit ; l'une est horizontale, l'autre est verticale ; celle-ci reste ouverte à son extrémité ; la branche horizontale, au contraire, est fermée ; mais au milieu de cette branche est une ouverture à laquelle est adapté un bout de tuyau dans lequel est une grille, et qui forme une espèce de fourneau où l'on jette le combustible. Pour que l'air du tuyau soit échauffé, la flamme et la fumée plongent au lieu de s'élever, et sont entraînées par le courant vers l'ouverture supérieure de la branche verticale.

Dans ce trajet, la fumée se consomme en passant à travers les charbons, et ce poële peut s'établir au milieu d'une chambre sans répandre d'odeur ni de fumée.

Voilà en quoi consiste l'expérience de Dalesme et de Justel. La théorie en est simple.

On sait que tout fluide, plus léger que l'atmosphère, s'élève en proportion de la différence de sa pesanteur spécifique, comme tout fluide plus pesant tombe par l'effet de la même pesanteur, c'est-à-dire que, relativement à l'atmosphère, l'un pèse en haut et l'autre en bas.

On connaît les phénomènes du syphon pour les fluides plus pesans que n'est le fluide atmosphérique : quand les branches du syphon sont égales, l'équilibre se maintient ; quand l'une est plus courte que l'autre, le fluide s'écoule rapidement par l'extrémité de la plus longue branche, et entraîne le liquide contenu dans la plus courte. Maintenant renversons le syphon, et que ses branches soient dirigées en haut, il deviendra alors pour les fluides plus légers que l'atmosphère, ce qu'il était auparavant pour les liquides plus pesans qu'elle. Le fluide léger s'élèvera par la branche la plus longue, et la colonne la plus longue entraînera la colonne la plus courte, suivant les lois inverses de la gravitation ordinaire.

Cette théorie établit en deux mots, dit Clavelin, tout le système de la caminologie. Elle est parfaitement démontrée dans les expériences variées que ce savant a faites avec ce poêle, tel que le décrit Justel, en diversifiant ses formes et ses préparations. Il conserve pourtant la partie horizontale sur laquelle est soudé le bout du tuyau faisant office de foyer; mais aux deux extrémités de cette partie il adapte deux tuyaux verticaux, dont il varie la direction; mais deux expériences surtout méritent une attention particulière. Voici la première.

Lorsque les deux extrémités du tuyau horizontal

sont garnies de deux branches égales, verticales, dirigées en haut, le courant du réchaud, placé entre deux, sur le tuyau horizontal, se partage en deux, et sort par les deux branches ; mais, si l'une de ces deux branches est maintenue froide l'autre étant chaude, le courant s'établit de l'une à l'autre, descendant par la branche froide, ascendant par la branche chaude. Si l'on plonge celle-ci dans l'eau froide, le courant change, et descend pour remonter de l'autre côté ; si l'on supprime l'une des branches, l'air entre alors par cette extrémité du tuyau, et sort par la branche restante. Cet effet du refroidissement d'une des branches de ce poële, sur la direction du courant, est applicable à un grand nombre des phénomènes de la caminologie.

Une autre expérience encore plus remarquable est celle-ci : la partie horizontale du tuyau et le foyer restent les mêmes ; l'une des branches qui lui sont adaptées étant bouchée, l'autre couchée horizontalement, mais mobile sur la partie qui porte le foyer, ce foyer étant allumé, l'air qui l'alimente entre par l'extrémité de la branche horizontale mobile ; la flamme et la fumée s'élèvent au-dessus du foyer. Si pour lors on soulève peu à peu cette branche mobile en la rendant successivement de plus en plus oblique sur le tuyau horizontal, dans ce cas, à mesure que cette branche s'élève, au lieu d'un seul courant entrant, il s'en forme deux dans l'épaisseur du même tuyau, l'un entrant, l'autre sortant.

Plus on élève cette branche, plus le courant sortant

devient fort; enfin la branche mobile faisant un angle de 35 à 40° avec la partie horizontale qui porte le foyer, le courant rentrant cesse, et le courant sortant est seul en activité, et remplit toute la capacité du tuyau; alors la flamme et la fumée plongent absolument dans le foyer.

Enfin, le dernier chapitre de cette deuxième partie renferme des expériences suivies sur la température de la fumée dans les tuyaux de cheminées. Ces expériences ont été faites dans des chambres de dimensions inégales, avec des cheminées de hauteurs à peu près égales, d'une ouverture de chambranle différente, et l'air environnant étant à la température de 4 degrés de Réaumur.

Les observations ont été faites de demi-heure en demi-heure avec des quantités de bois déterminées, et à l'aide de deux thermomètres, un placé au haut du tuyau, un autre à 16 ou 24 pieds au-dessus du foyer. Ces observations précèdent trois intéressantes tables, qui contiennent les résultats de ces expériences remplies d'intérêt.

L'auteur en conclut judicieusement, 1°. que la chaleur de la fumée augmente par l'augmentation de la consommation du bois, mais non pas dans une proportion correspondante; au moins si l'on en juge par le rapport du thermomètre.

2°. Que la chaleur, dans le tuyau de la cheminée, toutes choses étant absolument égales d'ailleurs, est d'autant plus forte que la chambre où se fait la combustion est bien moins grande.

3°. Que la chaleur diminue sensiblement à mesure que la fumée monte, et que cette diminution est d'environ 1 degré du thermomètre par pied d'ascension; qu'en conséquence, il est des cas où, selon la hauteur de la cheminée ou la température de l'air, la fumée, étant à une température égale à celle de l'atmosphère, ne lui est pas cependant équipondérable, ce qui est vrai à quelques égards.

Troisième partie.

La troisième partie est la plus importante de toutes; elle est, plus que toutes, un modèle de cette patience laborieuse à laquelle rien n'échappe, et à l'aide de laquelle toutes les faces d'un objet se présentent successivement à l'œil attentif de l'observateur.

Le but général de l'auteur est de déterminer quelles conditions sont nécessaires dans toutes les circonstances possibles pour qu'une cheminée soit à l'abri des inconvéniens de la fumée.

Plusieurs causes influent sur la puissance avec laquelle la fumée est chassée par les tuyaux de nos cheminées : les ouvertures qui fournissent l'air nécessaire à l'entretien du feu, la capacité de la chambre, l'ouverture de l'âtre, sa profondeur, la hauteur et les proportions du tuyau, son évasement à sa base, son issue à son extrémité, les corps environnans, les causes extérieures qui donnent à l'air une impulsion différente du courant excité par le feu, les degrés de chaleur que prennent les différentes parties des appareils, la vivacité variée de la combustion, ainsi que la quantité de la nature des combustibles.

Clavelin observe que le rétrécissement des ouvertures qui fournissent l'air et de celles qui donnent au dehors issue à la fumée, accélère et le mouvement de l'air affluent et celui de l'ascension de la fumée; que cette accélération du mouvement est telle, que, jusqu'à un certain terme fixé par l'expérience, la somme d'air fournie, ou de fumée émise par des ouvertures étroites, se trouve supérieure à celle que fournirait une ouverture plus grande.

Il remarque que la colonne de fumée pèse moins en général sur ses côtés que vers son centre; qu'il en résulte, quand ses ouvertures qui fournissent l'air sont exactement fermées, et quand les cheminées sont fort ouvertes à leur issue, comme elles le sont communément, qu'il s'établit un courant d'air descendant sur l'un des côtés du tuyau, tandis que la colonne de fumée s'élève dans l'autre partie; que ce phénomène est une des causes qui rendent les cheminées fumeuses : beaucoup d'entre elles fument par les angles; mais la fumée sortant du bois paraît s'élever librement.

Le préservatif de cette disposition est de rétrécir l'issue du tuyau jusqu'au point où la différence d'impulsion de la colonne fumeuse sur son centre et sur ses côtés est ou nulle ou légère.

Le surbaissement des chambranles fait peu de

chose sur la dépense d'air que fournissent les ouvertures, mais beaucoup sur l'ascension de la colonne de fumée dans le tuyau; l'air qui vient d'affluer à la cheminée étant contraint de s'approcher davantage du foyer, et recevant tout entier un degré de chaleur qui serait beaucoup moindre si l'entrée de la cheminée était plus grande, il en résulte une moindre disposition de fumer, mais aussi moins de chaleur dans les appartemens.

Une des dispositions les plus importantes et les moins connues jusqu'alors, est que les tuyaux des cheminées aient une forme pyramidale, et que la base du tuyau, prise à 6 ou 7 pieds au-dessus du foyer, ait environ 1 tiers de plus que son issue à l'extrémité supérieure, en sorte que la totalité du système de la cheminée soit composée de 2 pyramides, l'une inférieure, s'élevant depuis la tablette du chambranle jusqu'à 6 à 7 pieds d'élévation, ayant pour base l'air du foyer et pour sommet la base de la pyramide supérieure; la seconde, immédiatement au-dessus de celle-là, ayant pour base ce sommet et pour sommet une aire de 1 tiers moindre que sa base.

Il remarque encore que la profondeur des âtres n'a rien d'important quant à l'établissement du courant d'air affluent et à l'ascension de la fumée; qu'il n'a d'effet que relativement au renvoi de la chaleur dans la pièce qu'on cherche à chauffer.

L'accélération des courans d'air affluent et la fumée ascendante ne reçoivent aucune influence de la grandeur des pièces dans lesquelles est établi le foyer, et la chaleur plus ou moins grande est le seul effet qui résulte de la différence de leurs capacités.

Des deux chambres communiquant sans autres ouvertures que leur communication, c'est celle qui est la plus tôt chauffée qui fait fumer l'autre; mais il observe un fait dont il ne connaît pas la raison : c'est que, toutes choses égales d'ailleurs, c'est la plus grande qui a la prépondérance sur la plus petite et qui en attire l'air et la fait fumer, quoique celle-ci doive être, proportion gardée, plus chaude et plus tôt chaude que la première.

Un fait dont l'utilité est très-grande en caminologie, c'est que l'air affluent, divisé, tamisé et partagé, a plus de force et d'efficacité, pour soutenir la colonne de fumée et empêcher le refluage, que l'air affluent en masse; qu'il en faut, proportion gardée, une moindre quantité, et que cette méthode a le double avantage de dépenser moins d'air extérieur et de conserver plus de chaleur à la pièce.

L'air des ventouses, des cylindres et des tambours, dont on entoure les chambranles, a, proportion gardée, moins de puissance pour empêcher la fumée que l'air qui vient des autres parties de la chambre, et surtout que celui qui vient du côté directement opposé à la cheminée; et, quand ce supplément est nécessaire, il vaut mieux livrer cet air supplémentaire, divisé et tamisé par des cribles ou arrooirs (c'est ainsi qu'il les nomme) bien disposés et bien proportionnés, que par des masses tumultueuses et dont l'effet est quelquefois aussi contraire à l'intention du constructeur que nuisible par le refroidissement qu'elles occasionent.

Il démontre l'inutilité des ventouses placées dans les conduites des tuyaux et à leur sortie; les proportions dans lesquelles on peut faire dévoyer les cheminées, la puissance des cheminées élevées pour accélérer l'ascension de la fumée. Au-dessus d'une hauteur de 15 pieds, les tuyaux de nos cheminées ne suffiraient pas à entretenir le courant nécessaire; et, pour que le système soit sûr, il faut que l'issue du tuyau soit élevée à peu près de 30 pieds au-dessus de l'aire du foyer.

Les renvois combinés qu'on met sur les têtes des cheminées pour rompre l'impétuosité du vent ne produisent que très-peu de l'effet qu'on leur attribue, et sont aussi inutiles que coûteux; les bascules, les cônes tournans, les balanciers, ont un effet plus utile; les balanciers surtout ont un succès assez constant, quand on veut préserver une cheminée du reflux du vent qui se rabat sur elle; il faut prendre garde, et peut-être davantage, au vent réfléchi qu'au vent direct, parce que souvent celui-là est plus fort et plus nuisible que celui-ci.

Le système le plus efficace, et duquel il faut se rapprocher le plus possible, autant que le permettent les circonstances et les positions, est celui qui consisterait dans les proportions dont on va donner l'ensemble.

On a vu que la grandeur des pièces et que la profondeur des âtres étaient à peu près indifférentes à la régularité du courant; que les proportions des chambres pouvaient varier, et que leur surbaissement ne devenait nécessaire que dans le cas d'un système vicieux, nuisible à l'ascension de la fumée.

En conservant toutes les proportions que le goût peut dicter et que commandent les dimensions des pièces, Clavelin établit que la meilleure proportion, celle dont il faut se rapprocher autant qu'il est possible, est celle où le tuyau, ayant, à 6 ou 7 pieds au-dessus de l'âtre, une base de 96 pouces carrés, aurait à son sommet une issue de 64; et où, depuis la tablette jusqu'à cette base de 96 pouces, le tuyau formerait une autre pyramide dont les aires se rapprocheraient insensiblement de cette dimension de 96 pouces.

A une pareille proportion répondrait un versement habituel de 30 pouces d'air dans la pièce; et cependant, d'après des observations, on peut diminuer considérablement cette quantité, et la réduire à 16 pouces, en tamisant l'air et le divisant considérablement; parce que c'est moins sa rapidité que sa distribution, qui lui donne la force de soutenir la colonne de fumée; ou, si l'on voulait encore en admettre moins, on le pourrait, en adaptant aux côtés de l'âtre le supplément des ventouses latérales en arrosoir, qui, pour être suffisantes, doivent fournir une quantité d'air supérieure d'un cinquième à la somme totale que l'expérience a démontrée nécessaire, quand on tire l'air du fond de la pièce opposée à l'autre. Ces arrosoirs doivent aussi être un tant soit peu élevés au-dessus du sol, pour ne pas se remplir de cendre et avoir une hauteur et une largeur qui correspondent à l'étendue que doit avoir le feu, quand il est médiocrement animé par le peu de charbon ou de bois par lequel on l'aura nourri.

CHAPITRE VIII.

Moyens d'empêcher les cheminées de fumer, par Rumford; améliorations qu'il propose dans les gorges des cheminées; sa doctrine, ses argumens relativement au mode d'échauffement des appartemens.

On regarde comme un vrai tourment une cheminée qui fume, mais il existe beaucoup d'autres défauts dans les foyers découverts que l'on construit dans ce pays, et dans beaucoup d'autres parties de l'Europe, auxquels on fait peu d'attention, parce qu'ils sont moins frappans. Plusieurs de ces défauts ont des conséquences funestes pour la santé; et je suis persuadé que, dans cette île, ils accélèrent la mort de plus de mille personnes par an. Ces vents coulis pénétrans qui font frissonner une partie du corps, tandis que l'autre est grillée par le feu de la cheminée, et que quiconque lira cet ouvrage doit avoir senti plus d'une fois, ne peuvent qu'être très-nuisibles à la santé. Ils doivent même produire des effets très-fâcheux sur des personnes d'un tempérament faible et délicat. Je ne doute pas que la consomption, provenant de cette cause, n'en enlève tous les ans un très-grand nombre. Cependant, cette cause pourrait disparaître bien facilement; et, en la faisant cesser, on trouverait de toutes manières son agrément et sa commodité.

Il y a diverses causes qui peuvent empêcher l'ascension de la fumée dans les cheminées, mais il n'y en a point qu'on ne puisse découvrir et faire disparaître totalement. On regardera sans doute cette assertion comme très-hardie; mais j'espère que je prouverai d'une manière satisfaisante que je n'ai avancé mon opinion qu'avec fondement.

Ceux qui auront pris la peine d'examiner la nature et les propriétés des fluides élastiques de l'air, de la fumée, des différentes vapeurs; de chercher les lois de leurs mouvemens, et les conséquences nécessaires de la raréfaction occasionée par la chaleur, s'apercevront qu'il serait tout aussi étonnant que la fumée ne s'élevât pas dans un tuyau de cheminée (lorsqu'on a écarté tous les obstacles qui s'opposent à son ascencion), que si l'eau ne montait pas dans un syphon, ou que le cours d'une rivière s'arrêtât.

L'avis suivant renferme tous les secrets qui peuvent empêcher les cheminées de fumer. « Trouver « et écarter tous les obstacles locaux qui empêchent « nécessairement la fumée de suivre l'impulsion na- « turelle qui tend à la faire sortir du tuyau de la « cheminée; » ou, pour parler d'une manière plus précise, qui empêchent l'air extérieur d'exercer sa pression, qui tend à la faire sortir de la cheminée. Quoiqu'il y ait différentes causes qui mettent obstacle à l'ascension de la fumée dans le tuyau des cheminées, cependant la cause la plus ordinaire et qui produit le plus d'effet, est aussi facile à découvrir, qu'il est aisé d'y remédier: cette cause est la mauvaise construction des cheminées près du foyer.

Dans le cours de mes diverses expériences et de la pratique que j'ai acquise en rectifiant la construction des cheminées qui fument, je n'ai jamais été obligé, excepté dans un seul cas, d'avoir recours à un autre moyen que celui de réduire le foyer et ce que j'appellerai la gorge de la cheminée, c'est-à-dire la partie inférieure du tuyau qui est immédiatement au-dessus du foyer, à de justes formes et proportions.

Le résultat de plusieurs expériences, faites avec le plus grand soin à l'aide du thermomètre, a démontré également que l'économie du combustible provenant des changemens faits aux cheminées, montait ordinairement à moitié, quelquefois même aux deux tiers de la quantité consumée précédemment. Comme les foyers ainsi réparés sont peu dispendieux, puisqu'on peut se servir de toute espèce de grille ou de chenets, qu'on n'emploie aucun fer, mais seulement quelques briques avec un peu de mortier ou de petits morceaux de grès pour réparer les cheminées, les changemens dont il est question, sont on ne peut pas plus avantageux, considérés sous le rapport de l'économie. On doit aussi envisager, que non seulement on épargne une grande quantité de combustible, mais aussi que les chambres sont mieux chauffées, et qu'elles sont plus saines; que la chaleur qui y règne est plus égale, et peut être maintenue à la même température; qu'il n'existe plus aucun vent coulis des portes et des fenêtres à la cheminée, qui font tant de mal aux constitutions délicates. De plus on doit considérer que l'air étant également chauffé dans toutes les parties de la chambre, on peut le renouveler avec la plus grande facilité, lorsqu'il gêne la respiration, et celà en ouvrant une porte qui communique avec l'air extérieur, ou en ouvrant la partie supérieure d'une fenêtre et la partie inférieure d'une autre. On observera aussi que, pour renouveler l'air de la chambre de la manière la plus complète, il ne faut qu'une minute; et que pendant cet intervalle, les murs de la chambre ne se refroidiront pas assez pour ne pas communiquer au bout de peu de temps le degré de chaleur nécessaire à l'air extérieur introduit par la ventilation, de manière à ne produire aucun changement dans la température, quoique l'atmosphère de la chambre soit complètement renouvelée.

Mais quoiqu'il soit très-facile de renouveler l'air dans les chambres pourvues de foyers construits d'après mes principes (ce qui est certainement en leur faveur), ce changement total de l'atmosphère sera rarement nécessaire. Tant qu'on entretient du feu dans la chambre, le courant d'air qui s'échappe par la cheminée, malgré la réduction de l'orifice de son tuyau, est si considérable, qu'il suffit pour maintenir l'air de la chambre à la température nécessaire pour l'agrément et la salubrité. Dans la plus grande partie de l'Allemagne même, où l'on chauffe les appartemens avec des poëles allumés à l'extérieur, et où l'on prévient l'entrée des vents coulis par de doubles portes, des croisées et d'autres précautions, il est rare que l'atmosphère devienne malsaine, et qu'elle gêne la respiration, à moins que la chambre ne soit très-petite, ou qu'on y ait allumé plusieurs lampes ou plusieurs bougies.

Quand même une chambre serait fermée le plus parfaitement possible, comme la quantité d'air vicié, par la respiration de deux ou trois personnes, est très-petite, comparée au volume immense d'air que contient une chambre d'une grandeur médiocre, et qu'une partie de l'atmosphère se renouvelle toutes les fois qu'on ouvre la porte, il y a moins de danger qu'on ne croit à ce qu'une chambre devienne malsaine à habiter par le défaut de ventilation. Ce danger est encore moindre dans les temps très-froids, où l'air extérieur agit avec un redoublement de force et d'activité sur l'air contenu dans les appartemens.

Ceux qui pourraient avoir encore quelques doutes sur le changement qui s'opère dans l'atmosphère d'une chambre chauffée, toutes les fois qu'on ouvre la porte, peuvent s'en convaincre par une expérience très-simple, en ouvrant entièrement la porte de la chambre, et tenant deux bougies allumées dans le passage, l'une à la partie supérieure, l'autre à la partie inférieure; la violence avec laquelle la flamme de la bougie supérieure sera poussée dehors, et celle de la bougie inférieure en dedans, par les courans d'air opposés, prouvera que le changement qui s'opère dans l'atmosphère de la chambre est très-considérable; il le sera d'autant plus que la différence entre les deux températures sera grande. Je me suis attaché d'autant plus particulièrement à parler de l'utilité du renouvellement d'air dans les chambres constamment habitées que je sais que beaucoup de personnes craignent de rester dans des chambres où il n'y a pas constamment un courant d'air extérieur, les regardant comme très-malsaines.

Le plus grand défaut des cheminées ouvertes, destinées à brûler à découvert du bois ou du charbon, est que ces foyers, ces cheminées sont beaucoup trop larges, ou plutôt c'est ce que j'appelle la gorge de la cheminée, la partie inférieure du tuyau qui touche le manteau placé immédiatement sur le feu, qui est beaucoup trop large. Cette ouverture a été maintenue beaucoup plus large qu'elle ne l'aurait été, sans doute pour laisser un passage aux ramoneurs, sans que la gorge de la cheminée ait des dimensions si énormes, qu'elle enlève et engloutisse en un instant tout l'air chaud de la chambre, au lieu de laisser seulement un passage à la fumée et aux vapeurs échauffées qui sortent du feu, ce qui devrait être son seul et unique but.

Principes pour empêcher une cheminé de fumer. Premièrement, réduire la grandeur immodérée des gorges de cheminées, étant le principal défaut qui existe dans leur construction; car, quelle que soit d'ailleurs la perfection du foyer, si l'ouverture du passage destiné à l'ascension de la fumée est plus large qu'il n'est nécessaire, rien ne peut empêcher l'air échauffé de s'échapper par le même conduit; il se fait non seulement une déperdition de chaleur; mais de plus l'air échauffé qui s'échappe par le tuyau de la cheminée, étant remplacé par l'air froid, produit nécessairement l'entrée des vents coulis et des courans d'air, qui sont si incommodes pour ceux qui habitent de pareilles chambres. Secondement, la gorge de la cheminée doit être placée d'une manière convenable, c'est-à-dire précisément dans l'endroit où elle peut faciliter le plus l'ascension de la fumée; car tous les moyens qui faciliteront l'ascension de la fumée empêcheront la cheminée de fumer. Or, comme la fumée et les vapeurs qui émanent du feu s'élèvent toujours d'une manière verticale, il suit que la véritable gorge de la cheminée est perpendiculairement au-dessus du feu.

Il y a une autre attention qu'on doit avoir pour placer convenablement la gorge d'une cheminée; c'est de déterminer précisément sa distance du feu, ou son éloignement précis du combustible enflammé. Il y a plusieurs avantages ou désavantages qui doivent être examinés et pesés attentivement pour déterminer ce point.

La fumée et la vapeur qui s'élèvent du combustible enflammé sont raréfiées par la chaleur, et rendues plus légères que l'air atmosphérique; conséquemment, leur degré de raréfaction, et leur disposition à sortir par le tuyau de la cheminée augmentent à proportion de l'intensité de la chaleur; et, comme la vapeur et la fumée ont beaucoup plus de chaleur près du feu qu'à une plus grande distance, en rapprochant la gorge du tuyau du combustible en feu, les vapeurs s'éleveront facilement, ou, comme on dit vulgairement, la cheminée *tirera*, et sera moins sujette à fumer; mais, d'un autre côté, quand une cheminée tire très-fortement, et que cela provient de ce que la gorge du tuyau est placée très-près du feu, le courant d'air qui affluera au feu deviendra alors si considérable qu'il occasionera une consommation de combustible trop rapide et trop coûteuse.

En adoptant les changemens proposés pour des cheminées déjà construites, on ne peut mettre en question la hauteur de la gorge du tuyau, parce qu'elle est déterminée par celle du manteau. Il est difficile de la placer plus bas que le manteau (ou la tablette), et on doit la faire descendre, autant qu'il est possible, au niveau du fond de la tablette. Si la cheminée a de la disposition à fumer, il sera nécessaire de baisser le manteau ou de diminuer la hauteur de l'ouverture du foyer, en le couvrant d'une arche plate, en plaçant un morceau de pierre d'une extrémité à l'autre; ou enfin, ce qui est beaucoup plus simple et plus facile, en faisant un petit retranchement de briques, supporté par une barre de fer immédiatement sous la tablette.

Il n'y a rien qui empêche les cheminées de fumer aussi efficacement que la manière que j'indique pour diminuer l'ouverture du foyer, en abaissant et même en rétrécissant la gorge de la cheminée; et j'ai toujours éprouvé que ces moyens seuls suffisent pour remédier à tous les inconvéniens. Il est vrai que, lorsque la construction de la cheminée est très-vicieuse, et que sa situation est peu favorable, il est quelquefois nécessaire de diminuer l'ouverture du foyer, et même de l'abaisser, ainsi que la gorge de la cheminée, plus qu'on ne le voudrait; mais ces défectuosités, qui ne blessent pour ainsi dire que le coup-d'œil, ne peuvent entrer en comparaison avec un des plus grands tourmens qui existent, celui d'une cheminée qui fume.

La position de la gorge de la cheminée étant déterminée, les deux points dont on doit ensuite s'occuper sont sa grandeur et sa forme, ainsi que la connexion qu'elle doit avoir avec le foyer et avec le tuyau supérieur de la cheminée.

Mais tous ces principes ayant un rapport intime avec la forme qu'on doit donner au foyer même, il est à propos de s'en occuper en même temps.

Le but de la construction d'une cheminée est ordinairement d'échauffer une chambre : il faut donc, premièrement, disposer les matériaux de manière que la chambre puisse être réellement chauffée; secondement, qu'elle soit chauffée en ménageant, autant qu'il est possible, la consommation du combustible; troisièmement, qu'en la chauffant, l'air de la chambre soit maintenu parfaitement pur, qu'il ne gêne point la respiration, qu'il ne soit point mêlé de fumée ou de vapeurs désagréables.

Pour fixer avec précision les mesures que l'on doit prendre pour chauffer une chambre, avec du feu allumé dans une cheminée ouverte, il est nécessaire de savoir comment et de quelle manière le feu communique de la chaleur à la chambre.

Pour déterminer de quelle manière une chambre est échauffée par le feu d'une cheminée ouverte, il est nécessaire de savoir comment et sous quelle forme existe la chaleur occasionée par l'inflammation du combustible; ensuite, comment la chaleur se communique aux corps qui doivent en sentir l'impression.

A l'égard du premier objet, il est très-certain que la hal eur procréée par l'inflammation du combustible existe sous *deux* formes distinctes et très-différentes. L'une est combinée avec la fumée, les vapeurs et l'air échauffé qui s'élèvent du combustible en feu, et passent dans les régions supérieures de l'atmosphère; tandis que l'autre partie, qui paraît *n'être point combinée*, ou, comme quelques physiciens le supposent, qui n'est combinée qu'avec la lumière, part du feu sous la forme de rayons dans toutes les directions possibles.

Quant au second objet de mes recherches, savoir : comment la chaleur existant sous ces différentes formes est communiquée à d'autres corps, il est très-probable que la chaleur combinée ne peut être communiquèe à d'autres corps que par un contact actuel avec le corps qui est combiné avec elle.

Par rapport aux rayons qui partent du combustible enflammé, il est certain qu'ils ne communiquent ou ne procréent la chaleur que dans les corps qui les arrêtent ou les absorbent. En passant par l'air, qui est transparent, ils ne lui transmettent certainement aucune chaleur ; et il paraît très probable qu'ils ne communiquent aucune chaleur aux corps solides qui les réfléchissent.

Il est certain que la quantité de chaleur qui s'évapore avec la fumée, la vapeur et l'air échauffé, est beaucoup plus considérable, peut-être trois ou quatre fois, que la chaleur qui émane du feu sous la forme de rayons; cependant, quelque modique que soit cette quantité de chaleur rayonnante, c'est la seule partie de la chaleur, procréée par l'inflammation du combustible qui brûle dans une cheminée ouverte, qui puisse être employée à échauffer un appartement.

La totalité de la chaleur combinée s'échappe par le tuyau de la cheminée; elle est donc entièrement perdue. Dans le fait, on ne pourrait en diriger aucune partie d'une cheminée ouverte dans une chambre, sans y introduire en même temps la fumée, avec laquelle elle est combinée, ce qui rendrait l'appartement inhabitable. Il y a cependant une manière de se servir de la chaleur combinée, qui s'élève d'un foyer découvert, pour concourir à échauffer une chambre. C'est en la faisant passer par quelque chose d'analogue à un poële allemand, placé dans la cheminée au-dessus du feu.

La quantité de chaleur rayonnante, procréée par une partie déterminée de combustible quelconque, dépend beaucoup de l'arrangement du feu, ou de la manière dont le combustible est consumé. Quand le feu est clair et vif, il fournit beaucoup de chaleur rayonnante; mais quand il est étouffé, il n'en produit qu'une très-petite quantité, et même cette chaleur est très-peu utile. La plus grande partie de la chaleur produite est employée immédiatement à communiquer de l'élasticité à une certaine vapeur épaisse qu'on voit s'élever du feu; et la combustion n'étant qu'incomplète, une partie de la matière inflammable du combustible est simplement raréfiée, et poussée dans le tuyau de la cheminée sans avoir été enflammée, et le combustible se consume avec peu d'avantages. Il est donc très-important, sous le rapport de la propreté, de l'économie et même de l'agrément, de faire grande attention à l'arrangement du feu.

Les feux de cheminées, particulièrement ceux où l'on brûle du charbon, sont généralement entretenus par les domestiques avec une négligence, une prodigalité et une malpropreté extraordinaires. Ils jettent sur le feu toute une charge de charbon qui met obstacle, pendant des heures entières, au passage de la flamme; souvent même on a beaucoup de peine à empêcher le feu de s'éteindre. Pendant ce temps, aucune chaleur ne se communique à la chambre; et, ce qui est encore pire, la gorge de la cheminée étant occupée par une vapeur pesante et épaisse qui n'a presque aucune espèce de chaleur, et conséquemment peu d'élasticité, l'air chaud de la chambre trouve moins de difficulté à s'échapper par le tuyau de la cheminée que quand le feu est parfaitement allumé; il arrive même souvent, surtout quand la cheminée et le foyer sont mal construits, que ce courant d'air chaud, venant de la chambre qui afflue à la cheminée, passant par-dessus le courant de fumée épaisse qui s'élève lentement du feu, met obstacle à son ascension, et la renvoie dans la chambre; c'est ce qui fait qu'on voit très-souvent des cheminées qui fument lorsqu'on jette trop de charbon sur le feu. On devrait n'alimenter jamais le feu qu'avec une quantité de combustible qui n'empêchât pas la flamme de passer librement; en un mot, le feu ne devrait jamais être étouffé; avec cette précaution, on aurait un foyer propre et chaud, sans avoir besoin de recourir si souvent aux pincettes.

J'ai démontré ce qui était nécessaire pour la chaleur rayonnante; il reste actuellement à déterminer comment on peut introduire dans la chambre la plus grande portion de cette chaleur qui émane du feu dans tous les sens, et par quels moyens elle peut échauffer l'atmosphère de la chambre, les rayons qui partent de la matière combustible enflammée ayant les mêmes propriétés que ceux de la lumière, qui ne produisent de la chaleur que quand ils sont arrêtés ou absorbés, et qui peuvent par conséquent être réfléchis sans occasioner de chaleur à la surface des différens corps qu'ils atteignent. La connaissance de cette propriété nous mettra à portée de prendre des mesures certaines pour produire l'effet qu'on se propose, qui est d'introduire dans un appartement le plus de chaleur rayonnante qu'il soit possible.

Ceci peut s'effectuer, premièrement, en faisant que les rayons qui émanent du feu en ligne droite entrent directement dans la chambre, ce qui ne peut avoir lieu qu'en plaçant le feu aussi en avant qu'il est possible, et laissant l'ouverture du foyer aussi large et aussi haute que cela peut être sans inconvéniens; secondement, en donnant aux côtés et au fond du foyer la forme nécessaire, et choisissant en même temps les matériaux convenables pour que les rayons qui partent directement du feu et qui les atteignent puissent être renvoyés dans l'appartement par la voie de la réflexion, et dans la plus grande abondance.

Pour avoir une idée complète des changemens que je propose dans la construction des foyers, le lecteur voudra bien observer que le fond de la cheminée, selon les principes ordinaires, est aussi large que l'ouverture du foyer en face de la chambre, et que les jambages tombent perpendiculairement au fond, et sont parallèles entre eux; d'après mes principes, le fond de la cheminée n'a que le tiers de l'ouverture du foyer en face, et, conséquemment, les jambages, au lieu d'être perpendiculaires au fond, forment un angle de 135 degrés; conséquemment à cette position, au lieu d'être parallèles entre eux, ils présentent un front oblique à l'ouverture de la cheminée, et par ce moyen les rayons qu'ils réfléchissent pénètrent dans la chambre.

A l'égard des matériaux qu'il est le plus avantageux d'employer pour la construction des foyers, ceux qui conviennent le mieux à la construction des foyers sont ceux qui en réfléchissent le plus, ou qui en absorbent le moins. Pour connaître les matériaux qui conviennent le mieux à la construction des foyers, il ne s'agit que de déterminer, par une expérience très-facile, quels sont les corps qui acquièrent le moins de chaleur quand ils sont exposés à recevoir directement les rayons d'un feu clair et vif; car ce sera certainement les corps qui seront les moins échauffés qui absorberont le moins de chaleur rayonnante, et par conséquent en réfléchiront davantage; d'où il suit que le fer et tous les métaux quelconques, qui ont la propriété de s'échauffer très-facilement quand ils sont exposés aux rayons du combustible enflammé, sont les plus mauvais matériaux qu'on puisse employer pour la construction intérieure des foyers.

Les meilleurs matériaux que j'aie pu découvrir sont le grès et la brique garnie de mortier. Ces matériaux sont les uns et les autres à bon marché.

Lorsqu'on se sert de briques, il faut les enduire de mortier, et blanchir ensuite l'enduit. Si l'on emploie des pierres ou du grès, il faut également les couvrir d'un enduit; et, en général, toutes les parties qui ne sont pas exposées à être salies ou noircies par la fumée devraient être blanchies et entretenues aussi proprement qu'il est possible. La *couleur blanche* étant celle qui réfléchit le plus de lumière et de chaleur, on doit toujours l'employer de préférence pour l'intérieur des cheminées; et, par la même raison, on doit éviter de se servir de couleur noire, qui ne réfléchit ni lumière, ni chaleur.

Les deux objets principaux qu'on se propose, en faisant des changemens aux foyers de cheminées, sont de rapprocher le feu de l'appartement ou de le placer le plus près possible de l'ouverture du foyer; ensuite, de diminuer la gorge de la cheminée. On ne peut atteindre ce but qu'en avançant le fond de la cheminée. La seule question qu'on puisse donc faire, est jusqu'où il faut le rapprocher? La réponse est courte et facile à comprendre : rapprocher le fond autant qu'il sera possible, sans trop rétrécir l'ouverture destinée au passage de la fumée. Cette ouverture, que j'ai appelée la gorge de la cheminée, devant, dans la partie où elle est le plus rétrécie, être placée immédiatement au-dessus du feu, il est certain que le fond de la cheminée doit être construit à plomb sans aucune inclinaison. Donc, pour déterminer la place du fond, ou jusqu'à quelle distance on peut l'avancer, il est nécessaire de fixer la largeur de la gorge de la cheminée ou l'espace qu'on doit laisser entre la face de la cheminée à l'endroit où commence le tuyau vertical de la cheminée, et le nouveau fond qu'on élevera perpendiculairement jusqu'à cette hauteur.

La meilleure dimension qu'on puisse donner à la gorge d'une cheminée dont le foyer et le tuyau sont construits suivant les formes et les dimensions ordinaires, est une largeur de 4 pouces; 3 pouces même pourraient suffire quand le foyer est étroit et que la cheminée est bien placée.

Quand la largeur de l'ouverture du foyer est très-grande, comparativement à la profondeur du foyer et à la largeur du fond, les jambages étant pour lors très-larges et dans une position très-oblique, le foyer sera peu profond; et toute commotion subite de l'air près du foyer, comme celle qu'occasioneraient les vêtemens d'une femme passant rapidement près du feu, produira un mouvement d'air dans l'intérieur de la cheminée qui renverra de la fumée dans l'appartement.

Si, au contraire, l'ouverture de la cheminée était trop étroite, il serait à propos de la laisser telle, et d'y adapter les jambages, sans augmenter sa largeur; ce qui occasionerait beaucoup de peine et de dépense.

Nous dirons deux mots sur le passage que l'on doit laisser au ramoneur dans le tuyau de la cheminée, ce qui peut avoir lieu de la manière suivante. En construisant le nouveau fond du foyer, quand ce mur, qui ne doit jamais avoir plus que l'épaisseur d'une brique, sera élevé assez haut pour qu'il ne reste plus que 10 à 11 pouces entre son extrémité supérieure et l'intérieur du manteau, ou l'extrémité inférieure de la face de la cheminée, on laissera une ouverture carrée de 10 à 11 pouces de large au milieu du fond, et jusqu'à son extrémité supérieure; ce qui, d'après la hauteur ordinaire qu'on doit donner au mur de fond, fera que cette ouverture aura 12 à 14 pouces de haut, ce qui sera plus que suffisant pour le passage du ramoneur.

Lorsque la construction du foyer sera achevée, on fermera cette ouverture avec quelques briques, des tuiles, ou une pierre adaptée à cet effet, qu'on y placera sans mortier et assujétie dans une rainure qu'on laissera pour cet objet dans le mur en briques. Toutes les fois qu'on devra nettoyer la cheminée, le ramoneur enlevera ce mur, ce qui peut se faire très-facilememt; et quand il aura terminé son ouvrage, il le remettra en place.

Lorsqu'il est nécessaire de construire un nouveau fond pour avancer le feu dans les appartemens en réparant les anciennes cheminées, il ne doit jamais avoir plus que l'épaisseur d'une brique. Les jambages ou les côtés du foyer doivent avoir la même proportion; ou, si l'on construit le fond et les côtés avec de la pierre, le mur ne doit avoir que 1 pouce 3 quarts ou 2 pouces d'épaisseur. On doit avoir soin, en faisant cette nouvelle construction, de lier solidement le fond avec les côtés.

Soit que le nouveau fond et les côtés du foyer soient faits en pierre ou en brique, l'espace qui est entre l'ancien fond et les jambages parallèles devrait être rempli, pour donner plus de solidité à la construction. Cela peut se faire avec des décombres, des morceaux de briques ou des pierres, pourvu que l'ouvrage soit soutenu par quelques petits contre-forts de briques cimentées avec du mortier; mais il sera toujours indispensablement nécessaire de terminer ces nouveaux murs, à l'extrémité de la gorge de la cheminée, par une couche de briques horizontales bien liées avec du mortier. Cette couche de briques sera de niveau avec le dessus de l'ouverture qu'on laisse pour le ramoneur.

Il est important qu'à l'endroit où finit la gorge de la cheminée, c'est-à-dire où elle entre dans la partie inférieure de son tuyau, les trois murs qui forment les côtés et le fond du foyer se terminent sans liaison avec le corps de la cheminée. Il est très-essentiel qu'ils se terminent de cette manière; car, si on leur donnait du talus, et qu'ils fussent élevés de manière à renforcer la gorge de la cheminée dans la forme de l'embouchure d'une trompette, et qu'on lui donnât par degrés les mêmes dimensions que celle du tuyau de la cheminée, cette manière d'unir l'extrémité inférieure du tuyau avec la gorge faciliterait l'entrée du vent qui peut pénétrer dans le tuyau de la cheminée jusque dans la gorge, et qui renverrait la fumée dans l'appartement; mais lorsque la gorge est terminée sans liaison avec le tuyau, et que les murs finissent par une face horizontale, le vent aura beaucoup plus de peine à s'introduire dans le passage étroit de la cheminée.

Toutes les inflexions, les talus, proéminences,

excavations ou autres formes irrégulières qu'on pourrait donner aux côtés d'une cheminée, ne servent qu'à occasioner un reflux dans les courans d'air qui se portent intérieurement et extérieurement au foyer, lorsqu'on y entretient du feu. Ces reflux dérangent le feu et l'ascension de la fumée; d'où il suit qu'on ne doit jamais donner une forme circulaire, ou celle de toute autre courbe, aux côtés de la cheminée, mais qu'il faut que leur surface soit parfaitement plane.

On a inventé des auvens et divers autres préservatifs, pour empêcher les vents de pénétrer dans les tuyaux de cheminées: plusieurs de ces inventions ont un certain degré d'utilité; dans plusieurs cas cependant elles sont quelquefois nuisibles, en ce qu'elles gênent l'ascension de la fumée, quoiqu'elles préviennent l'entrée des tourbillons de vent dans le tuyau de la cheminée. Les couvercles de cheminées en terre ou en brique, qui supportent des voûtes plates ou des surfaces horizontales placées au-dessus du tuyau, sont de ce genre, ainsi que les auvens, ou les bonnets de tôle qui tournent à tout vent. L'invention la plus simple dont on puisse faire usage, et qui répondra beaucoup mieux au but qu'on se propose, que des machines compliquées, est de terminer le tuyau de la cheminée par une pyramide tronquée, ou par un cône tronqué, dont le diamètre ou l'ouverture pour le passage de la cheminée sera de dix à onze pouces.

Cette pyramide ou ce cône (car l'un ou l'autre

peuvent servir) doit être de terre cuite ou de fer coulé ; sa hauteur perpendiculaire peut être égale à son diamètre supérieur, et le diamètre ayant trois fois sa hauteur, on doit placer ce couvercle au-dessus du tuyau de la cheminée, de manière qu'il paraisse faire partie de la construction. Lorsque plusieurs tuyaux sont près l'un de l'autre, ou qu'ils se réunissent dans le même corps de cheminée, la forme pyramidale conviendra mieux que celle d'un cône tronqué.

Le but de cette invention est que les tourbillons de vent qui frappent la surface oblique de ce couvercle, trouvent une direction plus facile en l'aire, au lieu de pénétrer dans les cheminées.

CHEMINÉES A VENTOUSES MODERNES.

La ventouse la plus avantageuse est une ouverture de 5 à 6 pouces pris à 1 pied ou 1 pied et demi de la toiture et au nord, et conduisant l'air soit par des tuyaux ou languettes de plâtre placées dans l'intérieur de la cheminée jusqu'au soubassement ; là, on lui donne la direction et la forme que l'on juge nécessaires. Les soubassemens peuvent être simples ou doubles ; le deuxième soubassement est souvent troué, suivant la nécessité, et communique aux angles formés de languettes.

La deuxième ventouse est pratiquée sous le plancher, et communique l'air à la cheminée en s'échappant à volonté dans les soubassemens.

RÉSUMÉ DES MOYENS LES PLUS NOUVEAUX IMAGINÉS POUR EMPÊCHER LES CHEMINÉES DE FUMER.

On peut réduire à six les causes de la fumée :

Première cause. *La forme et la grandeur de l'ouverture.* Quelquefois la tablette de la cheminée est en ligne droite ou horizontale; il est évident que la fumée, venant frapper directement sur le plan horizontal, si l'ouverture est plus large que le feu, s'échappera et dans l'appartement et par le tuyau de la cheminée.

Remède. Il est bien simple : taillez en pente la tablette de la cheminée, comme vous le voyez dans la figure 20e, ou ajoutez un plan incliné en plâtre ou en brique, soutenu par une barre de fer, et la fumée cessera.

Seconde cause. *Défaut d'air.*

Remèdes. Il en est de plusieurs sortes : 1° pratiquer des jours, ou par une porte communiquant à une chambre où l'on n'allume pas de feu, et où l'air afflue; 2° pratiquer un conduit qui passe à travers le parquet ou le carrelage, et à travers le mur, et aboutisse à la cour, à la rue ou à l'escalier; 3° établir, dans un coin du tuyau, un conduit séparé par une épaisse cloison de 3 centimètres, et aboutissant par le bas sur les côtés de la cheminée par devant, sur le haut, à un ou deux pieds de moins d'élévation que la cheminée.

Troisième cause. *Tuyau trop court.*

Remède. 1°. Alonger le tuyau; 2° si cela n'est pas possible, réduire le tuyau pour activer le tirage, ainsi que l'embouchure; mettre une gueule de loup sur le sommet, fermer la chambre, et amener l'air par un conduit pratiqué dans le tuyau, et toujours séparé par une cloison assez épaisse (3 centimètres); 3° à l'aide d'une hélice ronde, tournant par le moyen d'un tourne-broche; voyez la fig. 21 : *a*, *b*, *c*, *d*, hélice en tôle, montée sur un arbre de fer *e f*, tenu par deux supports ou anneaux *e*, *g*, qui lui laissent la faculté de se mouvoir librement; s'il y a un tirage suffisant, il fera tourner cette hélice; si, par une force transmise par un engrenage, on la fait tourner rapidement, elle poussera l'air dans le tuyau.

Quatrième cause. *Contrebalancement de cheminées.*

Remèdes. 1°. Empêcher la communication des deux chambres; 2° établir des ventouses à chaque cheminée; 3° si elles ne suffisent pas, les agrandir, coupant les tuyaux en deux parties, l'une double de l'autre, celle-ci devant servir de ventouse; 4° par un conduit incliné, qui part du tuyau le plus bas, et aboutit au plus haut.

Cinquième cause. *Le vent.*

Remèdes. 1°. Etablir en général une *gueule de loup* à girouette, sur la tête du tuyau, voyez fig. 22.

Sixième cause. *Fumée qui descend par la cheminée.*

Remède. Souvent, lorsque deux cheminées sont voisines, la fumée de l'une descend dans l'autre; on évite cet inconvénient à l'aide d'une *bascule* ou porte de tôle *c, b,* (fig. 23,) fermant par son propre poids sur un cadre de fer de même forme que le tuyau de la cheminée, et qu'on fixe dans son intérieur, en garnissant de plâtre tout le tour. Quand on fait du feu dans la cheminée, on l'ouvre au moyen d'une tige de fer *c, d,* ou bien on établit des coulisses le long de la ligne *e, f,* dans lesquelles on glisse une planche, ce qui bouche également les cheminées. (*Extrait de la Physique de Guillou.*)

AUTORITÉS.

Rumford.—Franklin.—Leolie, sur la lumière : Guillou, Physique appliquée aux arts.

L'ART
DE CHAUFFER ÉCONOMIQUEMENT
LES APPARTEMENS.

CHAPITRE IX.

Théorie de la combustion. — Des combustibles. — Du bois. — Table de Rumford. — De la tourbe. — De la houille. — Comment on doit brûler la houille.

« Lorsqu'un corps brûle, dit *Berthollet*, aucun de ses principes pondérables n'est détruit; seulement ils formaient entre eux une espèce de combinaison, et ils se séparent à la haute température à laquelle ils sont exposés, pour en former une autre avec l'oxigène, avec lequel ils se trouvent en contact : ceux de ces principes qui ne peuvent pas se combiner avec lui, c'est-à-dire la terre, quelques sels et quelques parties métalliques, composent la cendre.

« Les combinaisons qui se forment lorsque l'action réciproque du gaz oxigène et des principes inflammables, qui se trouvent dans les combustibles, peut compléter son effet, sont l'acide carbonique et l'eau : la proportion de ces nouveaux produits varie selon celle des parties charbonneuses et de l'hydrogène ou base du gaz inflammable qui se trouvaient dans le combustible ; prenons pour exemple le charbon ordinaire.

« Si l'on brûle 100 parties de charbon dans une cloche de verre dont l'ouverture soit plongée dans le mercure, l'on trouve, après la combustion, un poids d'acide carbonique qui égale celui du charbon qui a brûlé et celui de l'oxigène qui a perdu ses propriétés. Cet acide qui vient de se former est composé, sur 100 parties, d'environ 72 d'oxigène, et de 28 de charbon; cependant il s'est formé un peu d'eau qui s'est dissoute dans l'acide carbonique ou qui a pris l'état liquide. Ces quantités inconnues empêchent qu'on ne puisse regarder la détermination qu'on vient de donner comme rigoureuse.

« Si l'on brûle de l'alcohol ou esprit de vin, on a un résultat bien différent. L'on obtient un poids d'eau qui surpasse celui qu'il avait, parce que le principe combustible de l'alcohol est principalement l'hydrogène qui forme l'eau en se combinant avec l'oxigène; l'huile donne aussi beaucoup d'eau par la même raison. On peut regarder le charbon et l'alcohol, ou plutôt l'éther, comme les deux extrêmes dont l'un donne le plus d'acide carbonique et l'autre de l'eau, et les autres combustibles, comme des termes moyens qui approchent plus ou moins, selon leur composition, de l'un des deux extrêmes.

« Pendant que l'hydrogène et le charbon se combinent avec l'oxigène qui forme un peu moins du quart de l'air atmosphérique, le calorique ou le principe de la chaleur qui était combiné avec le gaz oxigène, et qui lui donnait l'état élastique, se dégage en grande partie; il s'en dégage aussi probablement une partie du charbon et surtout de l'hydrogène; mais comme la chaleur qui est produite lorsque l'oxigène passe d'une combinaison dans une autre paraît à peu près proportionnelle à la quantité qu'il en avait retenue, on ne s'écarte que très-peu de la réalité en lui attribuant toute la chaleur qui se dégage dans la combustion, de sorte que l'on doit regarder la chaleur produite par la combustion comme proportionnelle à la quantité d'eau et d'acide carbonique qui se forment. Cependant il faut remarquer que la même quantité d'oxigène qui entre en combinaison avec l'hydrogène pour former de l'eau donne beauceup plus de chaleur qu'en produisant de l'acide carbonique avec le charbon : de là vient que les combustibles qui contiennent beaucoup d'hydrogène, tels que les huiles, les résines et la houille, peuvent produire beaucoup plus d'effet à poids égal, et dans des circonstances également favorables, que ceux qui doivent leur inflammabilité au charbon.

« Si la proportion de gaz oxigène qui se combine n'est pas suffisante, ce n'est pas seulement de l'eau et de l'acide carbonique qui sont produits, mais il se forme une substance gazeuse que l'on peut regarder comme intermédiaire et qui ne se change en eau et en acide carbonique qu'au moyen d'une nouvelle proportion d'oxigène : on l'a désignée par le nom d'*hydrogène percarboné*, c'est-à-dire surchargé de carbone, pour indiquer sa composition.

« C'est le gaz hydrogène percarbonné qui produit la flamme bleue au-dessus des fourneaux, lorsqu'il conserve une température assez haute pour brûler en passant dans l'air atmosphérique, où il trouve l'oxigène qui lui manquait dans le fourneau.

« On peut établir sur les considérations précédentes les conditions nécessaires pour obtenir le plus grand effet de la combustion : 1° la quantité d'oxigène doit être assez grande pour que tout le charbon et l'hydrogène entrent en combinaison complète, sans produire du gaz hydrogène percarboné et sans que des parties combustibles échappent sous la forme de suie ou de fumée.

« 2°. Il faut, d'un autre côté, éviter qu'il y ait une trop grande proportion d'air, car celui qui est inutile pour la combustion, en partageant la chaleur qui se dégage de celui qui entre en combinaison, nuirait d'autant à l'élévation de température qui est l'objet de la combinaison.

« 3°. Le courant doit être rapide pour que la chaleur puisse s'accumuler, et la température assez élevée pour que tout ce qui est combustible subisse la combinaison de l'oxigène.

« Pour obtenir le plus grand effet d'un combustible, il faut donc qu'aucune de ses parties, qui peuvent se combiner avec le gaz oxigène, n'échappe à cet effet; il faut qu'il n'y ait ni fumée ni suie, ce qu'on obtient principalement par la juste proportion de l'ouverture inférieure d'un fourneau, de son foyer et de sa cheminée.

« Le courant d'air qui entretient la combustion doit être facile; mais si la cheminée se trouve trop large, l'acide carbonique qui s'est formé n'est entraîné que difficilement; il reste trop long-temps en contact avec le corps combustible, en s'opposant par là à sa combustion, et il s'établit une circulation intérieure qui ramène l'air froid vers la chaudière et qui fait refouler la fumée. Si la cheminée n'est pas assez élevée, une partie de gaz hydrogène s'échappe sans brûler, ainsi que les parties charbonneuses qui forment la suie; il en résulte une perte de l'effet qu'aurait dû produire le combustible : une colonne plus élevée d'air raréfié par la chaleur et rendu plus léger, ensuite sa condensation et celle des vapeurs d'eau et de l'acide carbonique au haut de la cheminée, auraient concouru à établir un courant d'air plus rapide. Ces effets s'observent particulièrement dans les fourneaux à réverbères, dans lesquels on s'assure facilement de l'importance d'une cheminée dont l'ouverture soit dans une proportion convenable avec la grandeur du fourneau, et dont on augmente l'activité en ajoutant à l'orifice supérieur une certaine étendue de tuyaux; mais une cheminée trop élevée est un autre inconvénient que l'on doit éviter, parce que, dès que les parties combustibles qui s'élèvent ont le temps de se refroidir au-dessous du degré auquel leur combustion doit s'opérer, ce n'est plus qu'une masse qui, avec l'acide carbonique, s'oppose à la circulation de l'air. »

Combustibles. — Le bois, la houille et la tourbe sont les trois sortes de combustibles qui sont le plus généralement employés à faire le feu, soit dans les ménages, soit dans les grands établissemens.

Du bois.—La chaleur que produit le bois dépend de son degré de dessiccation. Suivant les recherches du comte de Rumfort, celui qui est le plus sec donne le plus de chaleur. Le bois qui n'a pas été coupé dans la saison convenable renferme un tiers d'eau, conséquemment son action est beaucoup moindre. L'espèce n'en est pas indifférente : le tilleul est celui qui donne le plus de chaleur.

Le foyer doit être plus grand pour le bois que pour le charbon de terre. Il est avantageux de couper ce combustible en petits morceaux, surtout lorsque l'on désire obtenir rapidement un certain degré de chaleur.

Dans les chaudières perfectionnées, le comte de Rumfort élève de 0° à 100°, 10, 20 livres d'eau avec une livre de sapin sec. Ce qui revient à chauffer de 1° 1 pied cube d'eau avec 0,0172; conséquemment, 3 livres font bouillir 1 pied cube d'eau pure prise à 0°, ou 2 livres trois quarts font bouillir 1 pied d'eau prise à la température ordinaire. 19 livres un quart de sapin sec vaporisent 1 pied cube d'eau, lorsque la chaudière est alimentée par du liquide à la température ordinaire. Le sapin non desséché donne un effet moindre, d'environ un septième.

Le hêtre donne moins de chaleur que le sapin, car 1 livre de hêtre fait bouillir 14,83 livres d'eau prise à 0°; ou 0,0242 livres de ce bois élèvent 1 pied cube de 1°; conséquemment, 3,36 livres feront bouillir 1 pied cube d'eau, ou environ 3, si elle est à la température moyenne, 37 livres dégagent à l'état de vapeur 1 pied cube d'eau, la chaudière étant alimentée par du liquide à la température moyenne. 1 pied cube de hêtre sec pèse environ 44 livres, suivant M. Fossembroni. Le bois produit la chaleur nécessaire pour évaporer deux fois son poids d'eau. Les effets du bois, tels que les a obtenus Rumfort, sont de un tiers plus considérables, ce que l'on peut attribuer aux soins qu'il a donnés à ses expériences. M. Hassenfratz a fait également des recherches sur la combustion de plusieurs espèces de bois. Son résultat moyen est que 40 livres de glace sont fondues par 1 livre de bois, ce qui est équivalent à 62,5 livres de glace fondues par 1,56 livres. Il opéra sur 28 espèces de bois nouveaux et secs; le plus bas de ses résultats était 32 livres de glace, et le plus haut 49, par livres de bois. Mais on ne peut compter sur ces expériences, parce qu'une grande partie de la chaleur qui est ordinairement perdue agissait sur la glace, ce qui n'a pas lieu pour une chaudière.

La table suivante est due à Rumford. On y a ajouté deux colonnes qui expriment la production de la vapeur en admettant que l'effet donné au moyen de la glace fondue ne soit que moitié pour la vapeur. (*Ces tables sont tirées de l'ouvrage intitulé :* DE LA CHALEUR, *par Bulos*.

Espèces de bois.	État du bois.	Livres de combustibles nécessaires à la fusion de 62,5 de glace.	Livres de combustibles nécessaires pour élever de 10° à 100° un pied cube d'eau.	Livres de combustibles nécessaires pour mettre en vapeur un pied cube d'eau, à la température ordinaire.
Tilleul. .	Bois sec, âgé de quatre ans. . .	1,35	3,1	22
Idem. .	Desséché artificiellement. . .	1,18	2,7	19,4
Hêtre. . .	Bois sec âgé de 4 à 5 ans.	1,38	3,16	26,6
Orme. . .	*Idem*.	1,54	3,52	22,5
Chêne. .	Bois ordinaire, sec.	1,83	4,20	30
Frêne. . .	Bois sec.	1,53	3,50	25,2
Érable. .	Très-sec.	1,30	3,00	21,4
Sorbier. .	*Idem*.	1,31	3,00	25,5
Cérisier. .	Bois-sec.	1,40	3,20	23,0
Sapin. . .	*Idem*.	1,54	3,52	25,5
Peuplier.	*Idem*.	1,35	3,10	22,0
Chêne. .	Contenant 15 p. 100 d'eau, combustion imparfaite.	1,78	4,12	29,0

On peut observer que l'âge apporte de très-grandes différences dans la même espèce de bois. Si on compare les nombres contenus dans les dernières colonnes avec les résultats de M. Rumfort rapportés au commencement de cet article, on verra qu'ils s'accordent parfaitement; la glace fondue par un poids déterminé de bois est à peu près celle que donnent les expériences de Hassenfratz.

De la tourbe.—La tourbe, dit M. *Thénard*, est un combustible spongieux, léger et noirâtre, formé de végétaux entrelacés, en partie décomposés, souvent reconnaissables et mêlés de terre : aussi fournit-elle en brûlant beaucoup de cendres. C'est au sein des eaux stagnantes qu'elle prend naissance. Il semble que toutes les plantes et toutes les parties des plantes qui croissent et se trouvent enfoncées dans ces eaux devraient être susceptibles de concourir à sa formation. Cependant il existe des marais, remplis de végétaux aquatiques, qui ne deviennent jamais tourbeux.

La tourbe, considérée comme combustible, peut se diviser en deux espèces. La première est compacte, pesante, noir-brunâtre, et présente à peine des empreintes végétales : cette espèce est la plus estimée, elle donne une chaleur forte et durable. La deuxième est légère, spongieuse, brune, et paraît être composée de détritus végétaux qui ont éprouvé peu d'altération : elle s'allume et brûle rapidement.

La tourbe dégage une odeur désagréable; elle donne, dans la combustion, une chaleur douce; mais on doit la rejeter lorsqu'on emploie des chaudières. En général, elle est de qualités très-variables. Il en est qui brûlent rapidement avec une belle flamme, d'autres se consument lentement, et, suivant MM. Clément et Desormes, ne donnent que le cinquième de la chaleur produite par leur poids de charbon; ce qui coïncide avec le rapport établi par Blavier et Miché. Conséquemment, 5,3 de bonne tourbe peuvent convertir un pied cube d'eau en vapeur, ou, en d'autres termes, peuvent vaporiser les sept sixièmes de leur poids d'eau. La dessiccation de la tourbe est difficile, et en général ce travail doit se faire dans le temps des labours.

De la houille. — La houille est solide, opaque, noire, plus ou moins brillante, insipide, friable quelquefois, jamais assez tendre pour être rayée avec l'ongle. On ne la trouve jamais cristallisée; elle se rencontre toujours en masses, qui sont souvent susceptibles de se diviser en parallélipipèdes assez réguliers, et dont la surface a quelquefois des couleurs très-diverses et très-variées.

La vapeur sulfureuse que l'on croit qu'elle répand dans sa combustion ne doit pas être redoutée, puisque l'analyse la plus exacte a prouvé à tous les chimistes que, lorsque la houille est pure, elle ne contient pas un atôme de souffre. On voit d'après cela combien est fausse et trompeuse la prétention de quelques hommes peu instruits, qui annoncent des procédés pour désoufrer ce bitume.

La houille épurée, faussement nommée *désoufrée*, n'est autre chose que celle qui a été privée de son huile par l'action du feu; cette espèce de charbon brûle sans fumée, sans ramollissement, sans odeur forte : c'est, en un mot du véritable *coak*, et, en raison de ses propriétés, il est préféré pour les cheminées des appartemens.

Un des inconvéniens de la houille qui n'est pas carbonisée, outre la fumée très-abondante et très-épaisse qu'elle exhale, et qui noircit tous les meubles, c'est que le courant d'air très-rapide et très-abondant qu'elle exige pour sa combustion enlève et volatilise une partie de ses cendres, qui s'attachent sur tous les corps environnans; mais on peut remédier en grande partie à ces deux inconvéniens par une construction bien entendue des cheminées, et telle que le courant excité par sa combustion soit tout entier entraîné au-dehors, et qu'il n'y en ait aucune portion refoulée dans les chambres.

Pour bien dresser un feu de houille, il est indispensable de placer d'abord sur le fond de la grille quelques menus bois de branchage, des copeaux, etc., qu'on charge, à la hauteur de 2 ou 3 pouces, de morceaux de houille, sans trop les presser, afin que l'air et la flamme puissent circuler librement entre eux; ensuite on allume le menu bois; bientôt la flamme embrâse la houille, et lorsqu'elle est en incandescence, on achève de charger la grille.

On place devant la cheminée, à partir du haut de la grille, une plaque de tôle garnie d'un crochet qui s'engage dans un piton scellé dans la partie supérieure de la cheminée. Lorsque toute la masse est en feu, on enlève cette plaque, afin que la chaleur se répande dans l'appartement, et que le courant foyer, stratifiées ou non. Le volume de la matière à échauffer devient plus considérable, sans que le combustible augmente; par conséquent la chaleur diminue. Ces boules sont embarrassantes, rendent plus difficile la conduite du feu; mais le même effet peut se produire par une autre méthode. Lorsque la largeur du foyer dépasse 18 pouces, on construit dans la partie postérieure une saillie, qui laisse un espace suffisant entre elle et le devant du foyer; de cette manière, on augmente la surface sans accroître la masse du combustible. La distance entre le fond du foyer et la barre ne doit pas être de moins de 6 pouces, et la profondeur en dépasser 6 à 7. Dans ce cas, lorsque la saillie se projette bien vers le milieu, le combustible brûle sans addition de matière, et ne donne pas une chaleur trop considérable. Cette précaution est inutile lorsque la largeur du foyer est inférieure à 18 pouces. Les boules à feu présentent également peu d'utilité, surtout lorsque le foyer est bien construit et formé de matériaux convenables.

La combustion doit être lente, parce qu'elle favorise le rayonnement de la chaleur; cependant il faut tenir un juste milieu : une combustion trop lente rend le feu obscur, et présente du désavantage. La principale perte de la chaleur se fait par la fumée qui se dégage dans la cheminée; on a essayé de diminuer le diamètre de ce tuyau, et de construire le manteau près du foyer, surtout lorsqu'il est nécessaire d'activer le tirage. Cette méthode présente quelquefois de l'avantage; mais en général elle consomme une trop grande quantité de combustible. La plupart de nos cheminées fument, parce qu'elles sont trop larges, et qu'on les construit de la même grandeur pour tous les appartemens. Il est facile de voir qu'une cheminée trop large peut, indépendamment de la chaleur dissipée, occasioner un refoulement de fumée vers la partie inférieure, puisque cette fumée est plus lourde que l'air ordinaire pris à la même température. Lorsque les foyers sont tous de même grandeur, on peut appliquer un remède partiel, qui consiste à ramener l'ouverture du sommet de la cheminée au diamètre convenable. Or, on a observé qu'un foyer bien construit consomme, pour 3 pouces de long, environ une livre de charbon par heure, et qu'il se dégage d'abord une quantité double de fumée. L'excès véritable de la température dans la cheminée sur l'air ambiant est de 16°; il en résulte, comme nous le verrons, que si celle-ci laisse dégager $\frac{450}{3} = 150$ pieds cubes de fumée par heure par chaque pouce de grille, elle sera suffisante. En ayant égard à la ventilation, on a la règle suivante :

Si l'on divise par la racine carrée de la hauteur de la cheminée en pieds, 17 fois la longueur de la grille en pouces, le quotient sera l'ouverture à donner à la cheminée en pouces. On pourra toujours, au moyen d'une plaque, ramener une cheminée trop large au diamètre indiqué par cette règle.

Exemple. On a une grille de 15 pouces et une cheminée de 36 pieds, et on veut rétrécir cette cheminée,

$$17 \times 15 = 255.$$

La racine carrée de 36 est 6, conséquemment $\frac{255}{6} = 42\frac{1}{2}$ pouces pour la surface du sommet de la cheminée, c'est-à-dire que ce sommet doit avoir un diamètre de $6\frac{1}{2}$ pouces.

Lorsque le sommet est contracté au degré voulu, on peut se dispenser d'adapter un registre à la base de la cheminée, car, en général, il faut rendre les foyers le moins compliqués possible. Nous préférons la contraction au sommet pour ne présenter à l'air aucun obstacle qui accélère le dégagement de la fumée. Si l'on fait cette contraction à la base, la force d'ascension s'arrête au premier jet; en outre, une ouverture large vers le sommet permet à la pluie, à l'air froid, etc., de s'introduire, et d'interrompre le cours de la fumée.

La grille ne doit jamais être un obstacle au rayonnement de la chaleur; et, comme nous l'avons dit, il faut que les barres n'aient que le volume exigé pour la solidité. Il y a de l'avantage à donner à la grille une pente vers le fond dans la proportion d'un pouce sur six. Dans ce cas, les cendres se déposent vers le fond. La forme des barres qui constituent la grille n'est pas une chose indifférente; elles doivent présenter dans leur section un triangle arrondi à la base et au sommet.

Nous avons dit que l'on devait employer les métaux en très-petite proportion dans les foyers. Cette règle s'applique seulement aux substances en contact avec la grille; car rien ne s'oppose à ce que l'on revête les parois du foyer avec ces matières. Les côtés des cheminées sont en général obliques; cette disposition, appréciée par Rumford, présente de grands avantages pour la radiation; mais il est nécessaire que ces parois soient revêtues de matières polies, brillantes, au lieu de ces fonds noircis dont elles sont ordinairement garnies. Les surfaces éclatantes réfléchissent mieux; et, suivant Leslie, l'airain est un réflecteur supérieur à l'acier; conséquemment, il est préférable pour l'ornement d'un foyer. Les verres légèrement colorés sont de très-bons réflecteurs; s'ils sont garnis de dessins, la chaleur rayonnée sera plus considérable, et ces parois présenteront à l'œil un bel aspect. Une légère couleur vaut mieux, parce que le blanc est moins agréable à l'œil.

L'inclinaison des parois de la cheminée se détermine par la méthode suivante. On trace à un des coins de la cheminée une ligne qui fasse, avec les barres de la grille, un angle de 45°. Dans ce cas, les rayons émis du centre du foyer se réfléchiront sur la paroi construite verticalement sur cette ligne, et reviendront perpendiculairement sur une ligne parallèle aux barres de la grille. Le fond d'une cheminée est en général plat; cependant il est plus avantageux de le construire en polygone ou en prisme polygonal.

La hauteur de la grille est très-importante : si elle est trop faible, le feu paraît enterré, et le courant d'air n'est pas assez rapide. Si elle est trop haute, la personne qui se chauffe se brûle, tandis que la chambre ne reçoit qu'une très-petite portion de chaleur. Je crois qu'on peut donner 5 à 6 pouces à la grille, mais que, dans tous les cas, on ne doit par dépasser un pied. L'espace entre la partie inférieure du manteau de la cheminée et la grille, varie avec la grandeur de la chambre; mais, dans les cas ordinaires, cette distance doit être de 15 à 16 pouces. Les dimensions de la grille doivent également être proportionnées à la grandeur de la chambre : 1 pouce en largeur et 1 demi-pouce en profondeur pour chaque pied de la chambre, paraissent être les proportions convenable; et, si l'espace est tel qu'il faille une grille supérieure à 2 pieds et demi, on doit construire deux foyers; dans ce cas, le même rapport se conserve en le divisant sur deux foyers.

La ventilation d'une chambre chauffée par une cheminée est en général défectueuse, parce que, dans les constructions actuelles, l'air qui a été vicié par la respiration ne peut se dégager. On a proposé divers moyens de remédier à cet inconvénient, mais tous sont insuffisans ou font fumer. La construction d'un autre foyer doublerait la dépense, et peut-être ne remplirait pas le but que l'on se propose. En voici un qui doit remplir les conditions voulues. Si on dispose un syphon de telle manière qu'une de ses branches soit placée près du foyer, et l'autre à l'extérieur, il est évident qu'il s'établira dans la branche échauffée un courant d'air qui sera alimenté par l'air qui s'introduit dans la branche extérieure.

L'application de ce principe exige les précautions suivantes. La branche extérieure se prolongera jusqu'au sommet de la chambre, aura sa courbe plus bas que le foyer, et celle qui conduit l'air à la cheminée sera placée de telle manière que la suie ne puisse y tomber. L'extrémité de la branche extérieure sera garnie d'un registre pour régulariser la ventilation. La branche intérieure doit recevoir une chaleur assez forte par la radiation du foyer.

Lorsque les côtés et le fond d'une cheminée à grille ouverte, dans laquelle on brûle du charbon de terre, sont garnis de briques qui peuvent supporter l'action du feu, si ces briques viennent à rougir, elles projettent dans la chambre beaucoup plus de chaleur que tous les charbons dont on pourrait remplir le foyer, même en supposant qu'ils brûlassent avec toute l'activité possible. Il résulte de là qu'un morceau de houille incandescent ne lance pas, à beaucoup près, autant de rayons calorifiques que le fait un morceau de pierre ou de brique de la même forme et des mêmes dimensions, et cette découverte intéressante peut conduire à des perfectionnemens importans dans la construction de nos foyers et dans l'économie du combustible.

Le combustible, au lieu d'être employé à chauffer la chambre *directement* ou par les rayons qui prod'air, moins actif, n'accélère par trop la combustion.

Le feu étant ainsi disposé, il suffira de jeter une seule fois dans la journée un peu de houille sur celle qui est déjà enflammée, pour alimenter le foyer pendant 12 à 14 heures.

Il n'est que trop ordinaire qu'on se serve indifféremment de houille grosse et menue quand on veut allumer le foyer. Le vice de cette méthode est sensible; la flamme étant comprimée et ne trouvant pas d'issue par le haut de la grille, est refoulée dans l'appartement et entraîne avec elle de la fumée et une poussière noire très-fine qui couvre les meubles et pénètre jusque dans les armoires.

Quelques personnes croient favoriser la combustion en fourgonnant le feu; mais cette opération, en divisant et brisant la houille, la fait tomber dans les interstices qui s'obstruent, ralentit la combustion, intercepte le passage de l'air, et occasione le refoulement de la flamme et de la fumée. En général, il ne faut presque jamais toucher à un feu de houille, à moins que celle-ci ne s'agglutine trop et ne forme au haut de la grille une voûte qu'on soulève alors légèrement et qu'on brise à l'aide d'un tisonnier.

Il résulte une économie considérable du chauffage avec la houille, puisqu'avec 25 kilogrammes de houille on peut alimenter le feu depuis huit heures du matin jusqu'à dix heures du soir, tandis qu'un semblable feu, fait avec du bois, exige, pendant le même temps, 37 à 38 kilogrammes de ce combustible. Les 25 kilogrammes de charbon de terre, formant un demi-hectolitre environ, coûtent à Paris 1 franc 25 centimes, au lieu que les 37 kilogrammes de bois coûteraient 3 francs : c'est donc une économie de 58 pour 100 environ.

L'intensité de la chaleur produite par la houille est telle, que, dans deux appartemens, l'un chauffé avec le bois, l'autre avec la houille, le thermomètre de Réaumur est monté à 10 degrés dans le premier, tandis qu'il a monté à 14 degrés dans le second, toutes circonstances égales d'ailleurs.

Le prix élevé des grilles et des poëles qu'on surcharge d'ornemens inutiles est un obstacle, pour le particulier économe, à l'adoption du chauffage avec la houille; mais on peut construire à peu de frais une grille à charbon dans une cheminée déjà existante, et faire servir les poëles ordinaires à cet usage, en y faisant quelques légers changemens.

Un avantage de la houille, c'est de garantir de toute crainte d'incendie, parce que la suie qu'elle produit, et qui est plus dépouillée de parties inflammables que celle du bois, ne s'attache guère aux parois des cheminées, ou retombe lorsqu'elle est trop amoncelée, sans prendre feu; ainsi, on n'a pas besoin de ramoner aussi souvent les cheminées.

AUTORITÉS.

Fournier, Essais... in-8°.—De la Chaleur, par Bulos.—Berthollet.—Rumford.— Annales de Chimie.

CHAPITRE X.

Des foyers.—Des grilles.—De la ventilation.

Un foyer a pour but principal d'échauffer par la chaleur rayonnante; sous ce rapport, il diffère essentiellement du poële. On peut, à la vérité, construire un foyer qui donne de la chaleur par le contact; mais ce foyer est secondaire, et il présente moins d'importance que le premier. Ses barres ne doivent avoir que la largeur nécessaire pour la solidité, et les parois qui entourent le combustible doivent être construites avec des matières peu conductrices; car, sans cette précaution, la chaleur produite serait dissipée rapidement par conductibilité, et absorbée par le chauffage de ces parois. Les briques sont employées avec avantage pour le fond des foyers; cependant les taillandiers, qui ne s'inquiètent pas d'économiser le combustible, préfèrent le fer.

Si les foyers construits avec des matières peu conductrices sont de dimensions considérables, et qu'on n'épargne pas le combustible, la chaleur se développe rapidement, devient intense et trop forte pour la chambre. On remédie à ces inconveniens par des boules à feu, qu'on jette dans le cèdent immédiatement de la combustion, devrait être disposé de manière à chauffer plus particulièrement les côtés à la partie postérieure du foyer qui le contient. Les parois doivent aussi être toujours composées de briques ou de pierres à foyer, et jamais de fer ni d'autre métal.

Une petite quantité de bois, de charbon de terre, convenablement arraugée, fait un bien meilleur feu qu'une quantité plus considérable entassée sans réflexion; et, par cette raison, des grilles à charbon peu profondes, lorsqu'elles sont garnies dans les côtés des parois appropriées à l'objet, donnent plus de chaleur dans la chambre et consomment moins de combustible que ne le font les grilles profondes, car la masse considérable de charbon qui remplit celles-ci intercepte les rayons qui viennent des parois de leur foyer, et empêchent qu'ils n'arrivent dans la chambre; et même, selon la manière ordinaire de conduire nos foyers, cette masse empêche que ces parois n'acquièrent assez de chaleur pour contribuer, dans aucun cas, à réchauffer la chambre, lors même que ces parois sont garnies de matières convenables et qu'on y consomme une grande quantité de houille.

Il est possible cependant, par une addition assez simple, de faire dans presque toute grille de cheminée un feu bon et économique; ce n'est pas qu'il ne vaille toujours mieux d'établir ces grilles sur de bons principes, que d'essayer de les corriger par des modifications particulières.

Pour faire du feu avec une grille mal construite, il faut commencer par en garnir le fond d'un lit de boules faites de bonne terre à briques ou de grès artificiel bien cuit; chaque boule doit être parfaitement sphérique, et doit avoir 2 pouces et demi de diamètre. On met le combustible sur cette couche, et on ajoute de ces mêmes boules parmi le charbon de terre à mesure qu'on en remplit la grille. Il faut avoir soin, dans cette opération, de distribuer les boules d'une manière uniforme; car, si elles se réunissent quelque part, elles maintiennent plus froide cette partie du foyer, parce qu'elles ne contribuent pas à la combustion; mais si on n'en met que la proportion convenable, si on a soin de les espacer à propos, elles arrivent toutes à l'incandescence, excepté peut-être celles du lit inférieur; et non seulement on obtiendra un feu resplendissant, mais il lancera dans la chambre une grande quantité de chaleur rayonnante, et cette émission continuera long-temps après que la combustion aura cessé.

Par ce moyen bien simple, plus d'un tiers du combustible que l'on consommait auparavant sera économisé, et il est probable qu'en y portant tous les soins et l'attention que la chose mérite, on arriverait à une économie de moitié, car ces boules, faites dans des moules et cuites dans un four à briques, seraient à fort bon marché et dureraient long-temps, probablement même plusieurs années. L'épargne qu'on ferait ainsi, même avec des grilles mal construites, est évidente.

Dans l'usage de ces boules, il faut empêcher qu'elles ne s'entassent au fond de la grille à mesure que le combustible se consume; les boules qui lui sont entremêlées descendent peu à peu au fond de la grille, et il faut les soulever de temps en temps avec des pincettes. Quand le feu est fort bas, on doit en enlever quelques-unes, et ne les replacer que lorsqu'on a remis de la houille dans le foyer. On apprend, avec un peu d'attention et d'expérience, à conduire un feu par ce procédé avec le plus grand avantage possible.

Lorsqu'on fait ces boules dans des moules, pour les sécher ensuite et les faire cuire au four, la meilleure composition est un mélange de vieux creusets pilés, avec de la glaise de Sturbridge; on peut aussi en composer de très-bonnes avec des briques dures ordinaires, pilées en poudre grossière et mêlées avec cette glaise, ou même avec une terre grasse quelconque. Il faut les faire assez grosses pour qu'elles ne puissent pas passer au travers des barreaux qui garnissent le devant de la grille.

Ces boules ont l'avantage que les plus petits fragmens se consument en entier : on peut même faire presque totalement disparaître les cendres, en les rejetant à mesure sur le feu lorsqu'il brûle avec vivacité.

La flamme paraît toujours sous la forme conique; de même que l'on se représente le cône comme composé d'un grand nombre de surfaces circulaires, ainsi la forme circulaire est la plus convenable pour entourer le cône brûlant, quand on veut en tirer le plus grand profit.

De plus, la chaleur tend toujours à s'élever, de manière que le degré de chaleur à la pointe du cône brûlant est à celle des côtés comme 12 est à 1. Pour se convaincre de cette différence, on n'a qu'à approcher un morceau de papier de la flamme d'une chandelle. En tenant ce papier de côté, on verra qu'il ne s'allume qu'à un espace d'un huitième de pouce. Mais en tenant le même papier au-dessus de la flamme, il brûlera déjà à un espace de douze huitièmes de pouce. De là, on peut conclure que l'effet de la pointe de la flamme est 12 fois plus fort que celui des côtés, et la proportion donnée de 12 à 1, est juste.

Il est donc tout-à-fait inutile de placer des vases trop avant dans le feu pour ménager le bois. Mettre un vase dans le feu à plus d'un pouce, c'est ne faire autre chose que de le placer au milieu d'un conducteur de calorique plus faible. Ainsi, quand on place un vase quelconque sur le feu, il faut faire en sorte que le cône de la flamme vienne directement frapper au-dessous du vase; l'ébullition a lieu beaucoup plus vite.

De l'endroit où doit se placer le poële.

La place où se met le poële n'est pas indifférente pour l'ornement de l'appartement. Nous ajouterons aussi que le choix de la place n'est pas moins important pour d'autres causes. On se voit souvent forcé par les cheminées d'indiquer la partie la plus incommode de l'appartement.

La cause de cet inconvénient est, qu'on est très-souvent obligé d'élever les cheminées, à cause de leur largeur et de leur pesanteur, au milieu des maisons; si nous ne regardons que la capacité du feu, elle ne peut produire l'effet désiré, que quand le poële se trouve près du mur le plus froid, parce que celui-ci reçoit par là une température durable. Mais cet endroit même ne serait pas le plus convenable, s'il y avait dans le voisinage un trop grand courant d'air froid. Le milieu de l'appartement serait sans contredit la place la plus convenable pour lui donner toute la chaleur nécessaire; mais cela ne peut s'appliquer qu'à de grands salons.

Placer des poëles dans des niches étroites et entre les murs, ne peut être utile dans les grands appartemens, parce que le mur attire trop de chaleur, ce qui est en pure perte pour le reste de l'appartement. Mais, dans le cas où l'on voudrait le faire, il faut observer la règle suivante : faire couper les briques en cunéiforme, cela les empêche d'attirer toute la chaleur; l'écoulement de la chaleur vers le bas n'occasione pas non plus les inconvéniens qui ont lieu ordinairement quand les poëles communiquent avec les murs.

En général, il faut observer que les poëles qui se trouvent dans un appartement soient à une distance au moins d'un pied du mur, afin que l'air de la chambre puisse circuler autour, et que la trop grande chaleur n'allume point la boiserie près de la niche du poële.

AUTORITÉS.

Leslie, sur la lumière.—Tredgold; Rumford; Fournier; ouvrages allemands.

CHAPITRE XI.

Procédés, inventions, applications diverses de Caminologie.

POÊLES FUMIVORES DE M. THILORIER.

Le procédé de M. Thilorier consiste à soustraire le combustible au contact de la flamme (contact qui, en interceptant l'air, devient la cause de la fumée), et à l'échauffer néanmoins à un degré suffisant pour qu'il donne, par distillation, l'hydrogène et les autres matières volatilisables qu'il peut contenir. Ces matières inflammables sont aspirées par un fourneau qui contient un combustible en ignition, ou qui est suffisamment échauffé, par une combustion précédente, pour que la fumée, en le traversant, puisse s'y enflammer.

C'est dans le fourneau que la fumée, combinée avec l'air, et élevée à un degré de température suffisant, se consume en totalité, et ne produit pour tout résidu qu'une vapeur sans odeur, sans couleur, composée d'eau, d'azote et d'une très-petite portion d'acide carbonique.

La flamme produite par la combustion de la fumée élève la température du fourneau, la distillation s'accélère et se continue sans interruption, jusqu'à ce que le combustible, si c'est du bois, soit réduit à l'état de charbon parfait, et à un état voisin de carbonisation, si c'est de la houille ou de la tourbe.

Le poële fumivore en faïence ou en terre cuite est de forme cylindrique; il est ouvert par le haut, et terminé à sa partie inférieure par un tronc de cône creux en forme d'entonnoir. Un gril à larges barreaux est posé à la partie supérieure, et un autre gril à barreaux serrés à la base inférieure du tronc de cône. Au-dessous de ce gril est ajusté un tuyau dont le diamètre est le tiers de celui du corps du poële; sa partie inférieure est fermée par un bouchon servant de cendrier; il communique avec un tuyau horizontal, auquel est adapté un tuyau vertical, qu'on peut considérer comme la cheminée du poële, et qui est fermé par le bas au moyen d'un bouchon en tôle.

Pour allumer le poële, on met de la braise sur le gril inférieur, qu'on recouvre ensuite avec du charbon froid; on met en même temps, dans le bouchon du tuyau vertical, une feuille de papier légèrement chiffonnée, que l'on allume à l'instant qu'on met le bouchon, afin de raréfier l'air qui est dans la cheminée, et d'établir le courant nécessaire à la combustion. On entend aussitôt le charbon pétiller, et comme il brûle à flamme renversée, il n'en résulte aucune odeur désagréable dans l'appartement.

A mesure que le feu gagne le charbon de la partie supérieure, on en remet de nouveau jusqu'à ce que l'entonnoir soit plein; alors on place le gril supérieur, on met par-dessus une boîte de tôle ouverte par le haut, qui laisse quelques centimètres de distance entre elle et les parois intérieures du corps du poêle, et qu'on remplit de morceaux de bois secs. Aussitôt que ce bois commence à répandre des vapeurs, on ferme le haut du poêle avec un couvercle dont le rebord entre dans une gorge remplie de sablon, pratiquée sur le pourtour supérieur du corps du poêle; ensuite on ouvre une porte latérale qui sert à alimenter la combustion et à renouveler le combustible au besoin. Le bois renfermé dans la boîte se carbonise parfaitement, et fournit plus de charbon qu'il n'en faut pour recommencer une nouvelle carbonisation; d'où il résulte qu'indépendamment de la chaleur nécessaire pour chauffer un appartement, on retire encore du bois employé à cet effet une quantité de charbon qu'on peut regarder comme bénéfice.

CHARBON DE TOURBE DE M. VOLLAND.

Le charbon de tourbe est extrêmement lourd et très-compacte; il est sous la forme de parallélipèdes de 12 centimètres de long sur 4 centimètres de large, 3 centimètres et demi d'épaisseur. En le brisant, on reconnaît encore la forme de quelques débris de végétaux dont la tourbe était composée. Il est d'un assez beau noir, et se brise difficilement, mais plus facilement toutefois que le charbon de bois dur ; froid, ce charbon est entièrement inodore. Sous le rapport de la quantité de calorique qu'il dégage, comparativement au charbon de bois, des essais faits par les commissaires de la Société d'encouragement ont prouvé qu'il avait un avantage marqué sur ce dernier, puisqu'à volume égal il a évaporé une plus grande quantité d'eau que le charbon de bois ordinaire. Le charbon de tourbe produit beaucoup de cendres, qui, loin d'être nuisibles à sa combustion, ne font que la rendre plus régulière. Lorsqu'on l'allume il se dégage une odeur particulière, mais qui toutefois ne paraît pas être assez sensible pour pouvoir nuire aux personnes qui restent dans l'endroit où s'opère la combustion.

Une propriété remarquable du charbon de tourbe, est de rester pendant sa combustion dans le même état que celui où on l'a placé. Ses cendres se soutiennent sans se déformer, et, après sa combustion, occupent à peu près le même volume que le charbon. Une autre propriété également remarquable de ce charbon, est de pouvoir brûler isolément; dès qu'un morceau de charbon de tourbe est allumé il continue de brûler jusqu'au dernier atôme, ce qui est très-précieux pour chauffer économiquement de petites quantités de liquides.

TOURNEBROCHE, MU PAR LA FUMÉE DE LA CHEMINÉE. CHEMINÉES DE CUISINE.

On peut tirer parti du courant ascendant qui s'établit dans le tuyau d'une cheminée, tant par la légéreté spécifique de la fumée que par l'air raréfié, pour faire tourner une ou plusieurs broches. A cet effet, on se servira d'une roue à ailes obliques qu'on placera perpendiculairement au courant qui a lieu dans la cheminée ; cette roue sera composée de douze ailes à surface gauche, triangulaire, dont les projections sur le plan de mouvement ne laissent entre elles aucun intervalle. L'axe vertical de cette roue peut être taillé en vis sans fin, ou porter une roue d'engrenage d'angle qui transmet, par le moyen d'autres engrenages et d'un axe horizontal, son mouvement à une poulie conique, à plusieurs gorges, placée en dehors de la cheminée, et sur laquelle circule la chaîne. Ce mécanisme est placé dans une petite caisse de tôle, pouvant contenir de l'huile qu'on y verse pour adoucir le frottement, et qu'on retire à volonté.

Toutes les pièces de ce tourne-broche peuvent être en fonte.

NOUVELLES CHEMINÉES A VAPEUR DOUCE.

Le corps de cette cheminée, en forte tôle laminée, ayant la forme de celles dites *Desarnod*, est surmonté d'un bassin en cuivre étamé, qui recouvre la flamme et empêche l'odeur désagréable que répandent les foyers métalliques ordinaires.

Le socle du foyer laisse un vide sous toute la surface inférieure du cendrier, afin de donner une libre circulation à l'air extérieur. Ce vide offre un autre avantage important, celui d'empêcher que le feu de l'âtre se communique au plancher.

Le bassin en cuivre étamé, qui contient l'eau et le sable, a un rebord rabattu sur tout son contour; un canal parallèle, pratiqué au sommet du foyer, est garni de sablon passé au tamis de soie pour recevoir les rebords du bassin de cuivre, que l'on peut facilement, par ce moyen, ôter et remettre lorsqu'on veut nettoyer le foyer; ce sablon garnit tous les interstices et empêche la fumée de sortir par la jonction.

Ce bassin est recouvert d'une plaque de marbre percée au milieu d'une ouverture de 7 à 8 lignes de diamètre, par où s'échappe la vapeur douce et insensible qui se répand dans l'appartement sans gâter les meubles ni les papiers.

Une soupape pratiquée sur le côté du foyer porte un index qui fait connaître, sur un quart de cercle en cuivre, le degré d'ouverture donné au passage de la fumée, ou la fermeture complète du foyer, dans le cas où le feu prendrait à la suie.

Le devant de la cheminée se ferme par des plaques à coulisses, qui se lèvent ou se baissent à volonté, à l'aide d'une manivelle dont le manche à charnière s'engage dans des encoches circulaires, ce qui évite le bruit incommode des cliquets.

Dans l'intérieur du foyer, sur les côtés de l'âtre, sont établies deux joues en terre cuite vernissée; cette espèce de cloison empêche la flamme de se porter sur l'enveloppe de tôle, et l'espace qui les sépare laisse un vide des deux côtés du foyer, où l'on peut établir des bouches de chaleur.

BRIQUETTES ÉCONOMIQUES DE CHARBON DE TERRE.

La recette suivante, pour composer des briquettes économiques, est tirée d'un ouvrage anglais publié par le docteur Willich.

Prenez deux parties de terre argileuse, dont on a soin de séparer toutes les pierres, et une partie de charbon de terre écrasé et passé au crible; mêlez bien le tout, et le mouillez suffisamment pour en former une pâte; faites-en des boules ou des tourteaux de 3 à 4 pouces de diamètre, et laissez-les parfaitement sécher. Lorsque ces masses ou briquettes seront parfaitement sèches, si on les met sur un feu bien allumé, elles s'enflamment bientôt, et donnent une forte chaleur. Cette espèce de chauffage coûte quatre fois moins que le charbon, et fait un tiers d'usage de plus.

Deuxième recette.

On fait encore d'autres briquettes où il entre de la terre glaise, de la fiente de vache, de la boue des rues, de la sciure de bois, du gazon, du crotin de cheval, de la paille, et surtout du débris du tan. On peut y ajouter du verre en poudre, de la poix, du goudron, du marc des huiles, ou toute autre matière combustible et à bon marché. On mêle le tout avec de la poussière de charbon de terre. On fait un trou rond en terre du diamètre de 5 à 6 pieds, et dont le fond est pavé en briques.

Il faut d'abord y délayer une certaine quantité de terre glaise, puis on ajoute une partie des autres ingrédiens que l'on mêle bien ; on remet de la terre, ensuite de ces mêmes substances, et on continue à remuer et à ajouter de la terre chargée des autres ingrédiens, jusqu'à ce que le tout soit bien mêlé, et prenne une consistance telle qu'on ne puisse plus le remuer. On laisse reposer le mélange et évaporer l'humidité, jusqu'à ce que la masse soit susceptible d'être divisée en morceaux.

On a des moules de bois de sapin d'environ 4 pouces de diamètre ; on en mouille l'intérieur pour que la masse ne s'y attache ; on saupoudre cette masse avec de la sciure de bois, et on la met dans les moules par parties qu'on fait enfin sécher en plein air ou sous un hangard.

BOULES INFLAMMABLES DE M. LE COMTE DE RUMFORD.

Ces boules sont composées d'égales portions de terre glaise, de charbon de terre et de charbon de bois réduits en poudre. On mêle bien le tout après l'avoir humecté, on en forme des boules de la grosseur d'un œuf de poule, et on les fait bien sécher.

On peut les rendre inflammables au point de prendre feu à la moindre étincelle, en les trempant dans une forte solution de nitre, et les faisant sécher ensuite. On peut y ajouter avec avantage de la paille hachée ou de la sciure de bois.

Ce chauffage se recommande par sa propreté et son économie.

MOYEN DE PRÉSERVER LES APPARTEMENS DES ODEURS DE CUISINE.

Quand les cuisines se trouvent placées sous les appartemens et sur les mêmes palliers qu'eux, il arrive communément que leur odeur se transmet dans les appartemens. Pour remédier à cet inconvénient, on ménagera, dans la partie supérieure du tuyau de la cheminée, au niveau du plafond de la cuisine, une ouverture ou petite porte par où toute l'odeur s'échappera. Si la partie supérieure de la porte est un peu plus basse que le plafond, pour rendre ce moyen infaillible et le mettre à l'abri de tous les effets de changement de temps, il faut faire aboutir à cette ouverture un tuyau de tôle qui monte jusqu'au haut de la cheminée, ou pratiquer pour cet objet une cheminée séparée.

MOYEN DE PRÉVENIR L'HUMIDITÉ DANS LES APPARTEMENS.

Un moyen sûr et efficace de se préserver de l'humidité qui pénètre dans les appartemens par les murs, vient d'être employé avec beaucoup de succès en Angleterre. Il consiste à couvrir le mur entier, ou seulement sa partie humide, avec des feuilles de plomb laminées, très-minces. Pour fixer les feuilles sur le mur, on se sert de petits clous de cuivre, qui, n'étant pas sujets à se rouiller, durent long-temps. Le papier de tenture peut ensuite être collé sur le plomb.

Le plomb n'est pas plus épais que celui dont on se sert pour doubler les boîtes à thé; on le fabrique en feuilles de la largeur du papier ordinaire de tenture : il y en a qui ne pèsent que 8 et même 4 onces au pied carré, sans être aucunement imperméables.

MOYEN POUR RENDRE LES FENÊTRES IMPERMÉABLES.

Depuis long-temps on se plaint de l'humidité qui perce au travers des fenêtres, mouille les rideaux qui les approchent, les parquets qu'elle gâte ou la couleur qu'elle altère : mais on n'a pas fait attention que souvent cette humidité ne provient que des vapeurs qui s'élèvent dans l'intérieur des appartemens; ainsi que la respiration, lorsqu'elle est dirigée sur une surface froide, en venant à se refroidir, se change en eau, la vapeur s'attache continuellement aux corps froids; et si vous posez sur une table une carafe d'eau, au milieu de mets chauds et liquides, la vapeur de ceux-ci aura bientôt couvert l'extérieur de la carafe.

Lorsque en hiver l'air extérieur frappe sur vos carreaux, il n'est pas étonnant que les vapeurs que le feu allumé dans votre appartement fait s'élever viennent s'attacher aux carreaux de vitres où le froid les a bientôt transformées en eau. Il existe encore d'autres causes de cette humidité dont on se plaint, et je vais les signaler.

Premièrement, la défectuosité des croisées dont les châssis mal faits ne joignent pas dans leurs portées, ou la mauvaise qualité du bois qui les compose, que l'humidité fait travailler au point de ne plus pouvoir les fermer : on les fait raboter, le beau temps revient, le bois se resserre, et au moindre orage, l'eau coule chez vous de toutes parts.

Secondement, des carreaux mal placés, ou trop petits, du mastic mal posé, ou détruit par le temps, des fenêtres exposées continuellement à des vents opiniâtres.

On conçoit facilement qu'il n'existe d'autre remède à des fenêtres mal faites, ou dont la qualité du bois est mauvaise, que de les remplacer par de nouvelles faites dans les règles. Cependant, à ces croisées défectueuses, il existe un moyen d'amélioration qui réussira non seulement pour celles-là, mais encore pour les fenêtres exposées aux ouragans, et pour détruire cette espèce de suintement des carreaux de vitres.

Ce moyen consiste à faire établir, indépendamment du châssis qui existe, un autre châssis que l'on placera en dehors du premier châssis. Il est inutile de dire que, dans la construction de ce nouveau châssis, il faut tâcher de réunir les qualités qui manquent au premier. Alors on se sera préservé de toute humidité, on aura détruit toute espèce de courant d'air, et les carreaux ne suinteront plus.

Mais ces doubles fenêtres ne peuvent pas s'adapter partout, et d'ailleurs nécessitent une dépense que bien des personnes ne voudront pas faire; dans ce cas, il faut avoir recours à des moyens secondaires, et aux fenêtres mal exposées faire construire au-dessus du châssis une espèce de toit, dont la hauteur de la fenêtre déterminera la grandeur. On adaptera encore au bas du châssis, en dehors, de petites plaques de fer blanc, de tôle vernissée ou de plomb, destinées à empêcher la pluie de pénétrer dans l'appartement.

On visitera ensuite les carreaux et on remettra du mastic aux endroits où il manque, puis, avec une plume trempée dans l'huile, on en introduira dans toutes les fentes, extérieurement et intérieurement.

Enfin, pour remédier à l'inconvénient du suintement des carreaux, on coupera des morceaux d'éponges de la grosseur d'une noix, puis on les clouera avec une petite pointe à chaque coin des châssis, et en ayant le soin de les presser deux fois par jour, on se sera délivré des désagrémens qu'entraîne après lui le suintement des carreaux de vitres.

FIN.

TABLE DES CHAPITRES.

CHAPITRE I. Des cheminées en général.—Ventouse, languette, mitres.—Des registres, séparations dans les cheminées, pour allumer divers feux.—Moyens généraux pour empêcher l'infiltration des eaux pluviales.—Des cheminées en plâtre.—Des mitres en plâtre et de leurs dangers.—Mitres de M. Fougerolles. Pag. 1

CHAPITRE II. De la fumée.—Causes de la fumée.—Des vents.—Observations de Clavelin, relatives à une observation de Franklin. 21

CHAPITRE III. Suite des causes diverses de la fumée, et explications de ces causes par les ANCIENS CAMINOLOGISTES.—Remèdes généraux qu'ils proposent.—Des bois à brûler.—Remarques. 27

CHAPITRE IV. Moyens imaginés pour empêcher les cheminées de fumer tirés des ANCIENS AUTEURS, tels qu'Alberti, Savot, Delorme.—Mitres de cheminée. —Tuyaux de Cardan. 40

CHAPITRE V. Suite des moyens imaginés par les anciens auteurs pour empêcher les cheminées de fumer.—Cheminées de Flandre, de Nancy. 48

CHAPITRE VI. Suite des moyens imaginés par les anciens auteurs pour empêcher les cheminées de fumer.—Cheminées de Gauger.—Machine de Justel. 59

CHAPITRE VII. Moyens imaginés par les AUTEURS MODERNES pour empêcher les cheminées de fumer. 70

CHAPITRE VIII. Moyens d'empêcher les cheminées

de fumer, par Rumford ; améliorations qu'il propose dans les gorges des cheminées ; sa doctrine, ses argumens relativement au mode d'échauffement des appartemens. 92

CHAPITRE IX. Théorie de la combustion.—Des combustibles.—Du bois.—Table de Rumford.—De la tourbe.—De la houille.—Comment on doit brûler la houille. 116

CHAPITRE X. Des foyers.—Des grilles.—De la ventilation. 129

CHAPITRE XI. Procédés, inventions, applications diverses de Caminologie. 142

FIN DE LA TABLE.

IMPRIMERIE DE MARCHAND DU BREUIL,
RUE DE LA HARPE, N° 80.

Pl 1ère

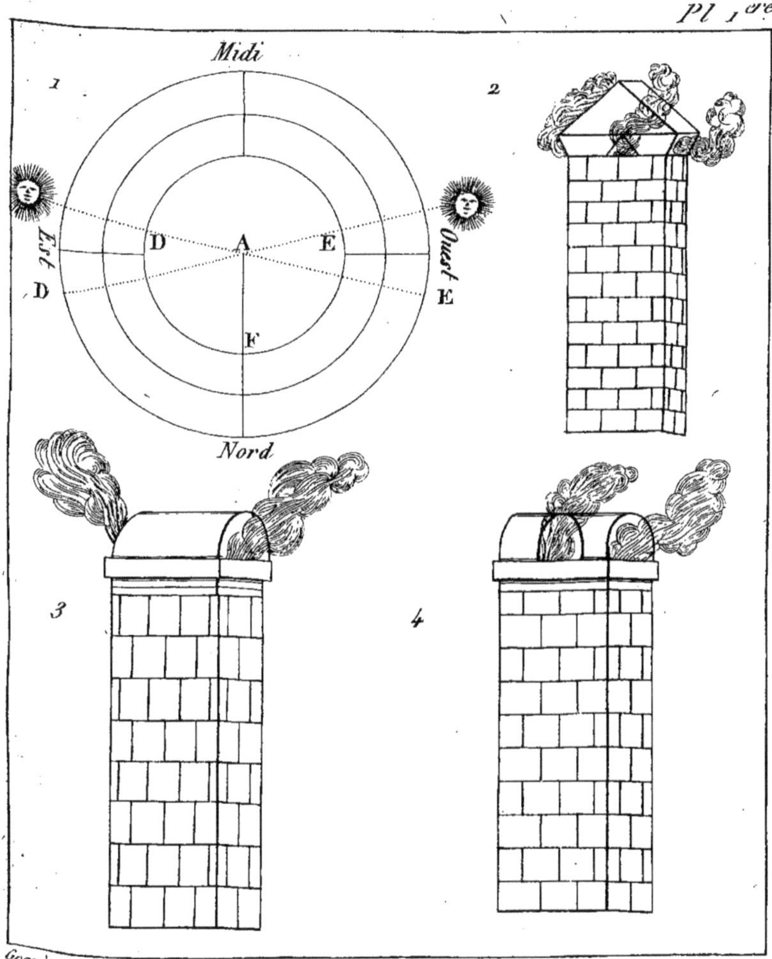

Gravé par Bonnet.

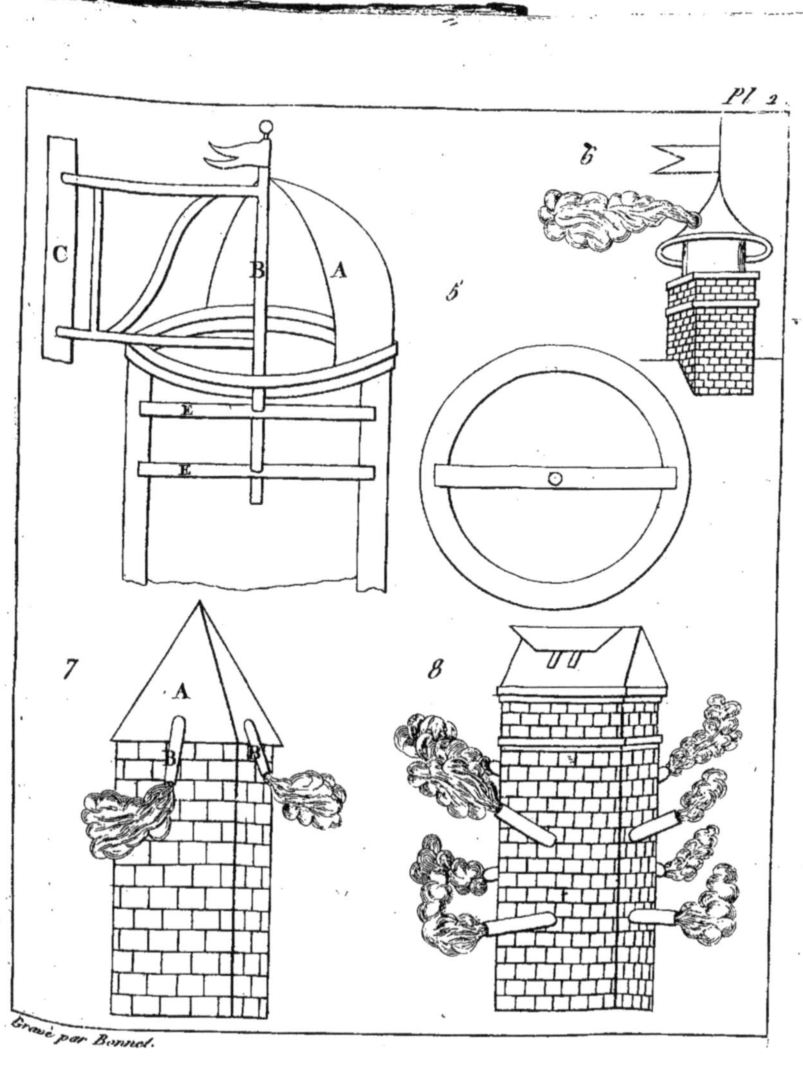
Pl 2.
C
B
A
E
E
5
6
7
A
B
B
8
Gravé par Bonnet.

Pl 3.

Gravé par Bonnet.

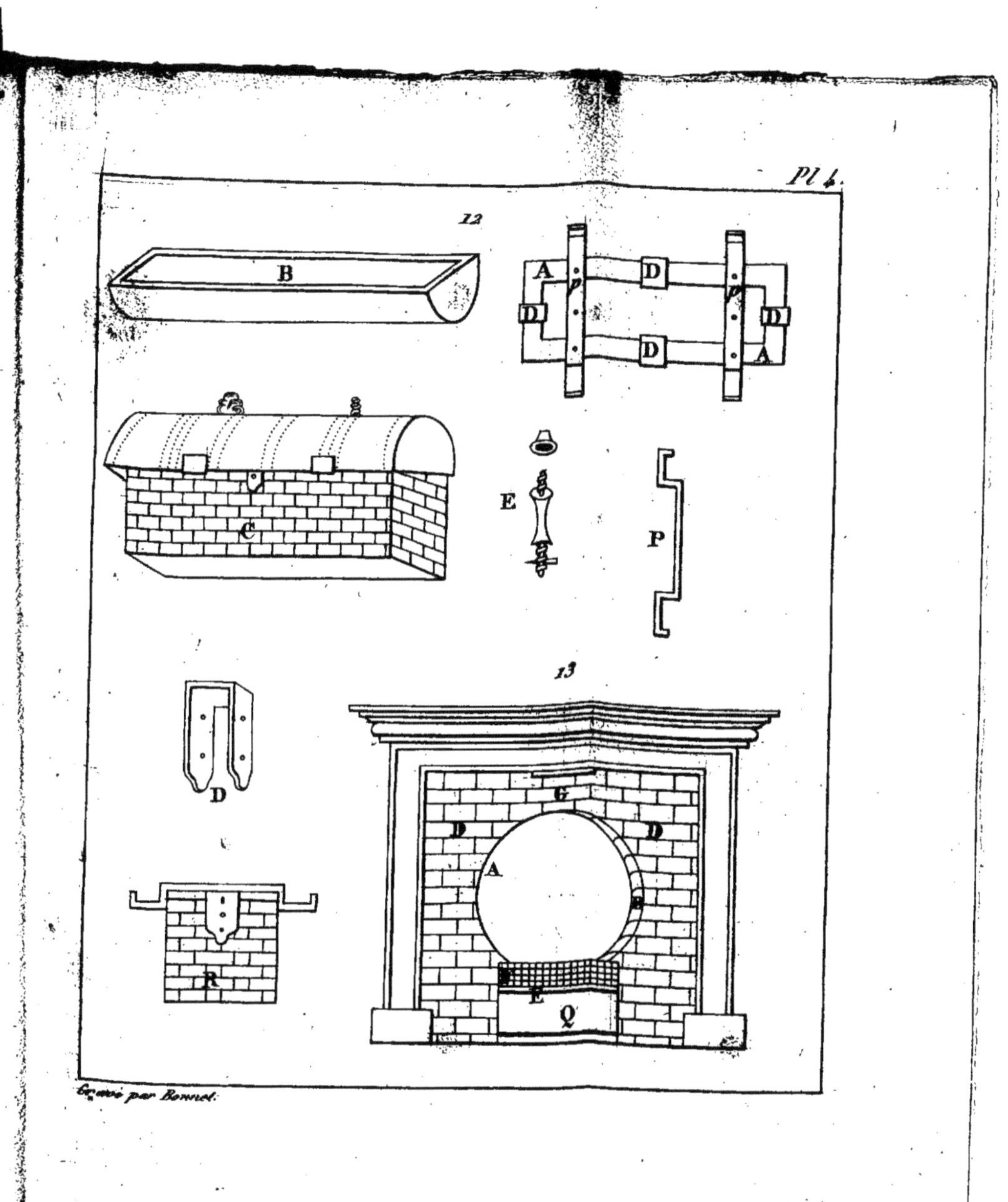
Pl 4.
12
B
A
D
D
D
D
A
C
E
P
13
D
G
D
D
A
R
E
Q
Gravé par Bonnet.

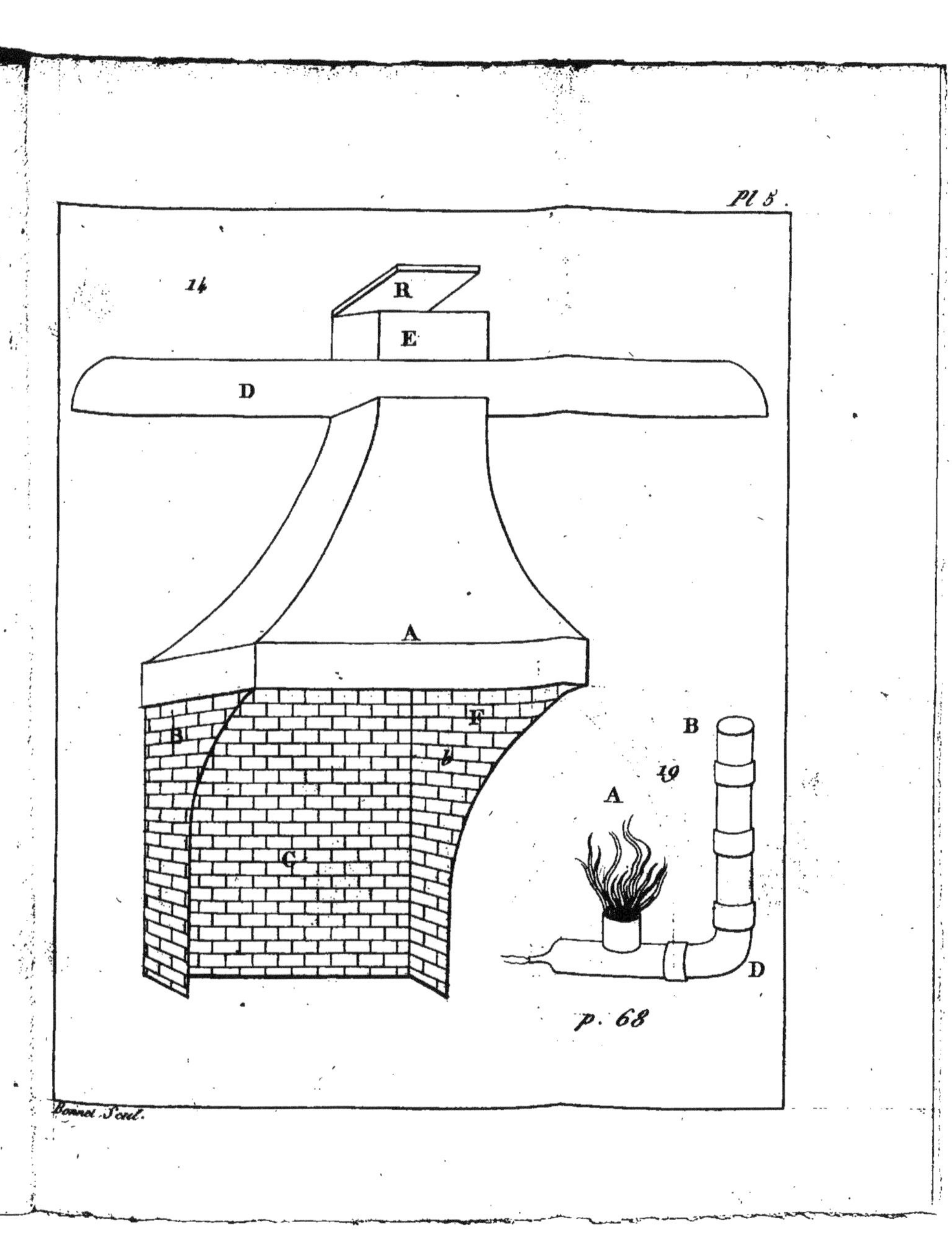
Pl 5.
14
R
E
D
A
B
F
b
C
B
19
A
D
p. 68
Bonnet Sculp.

15

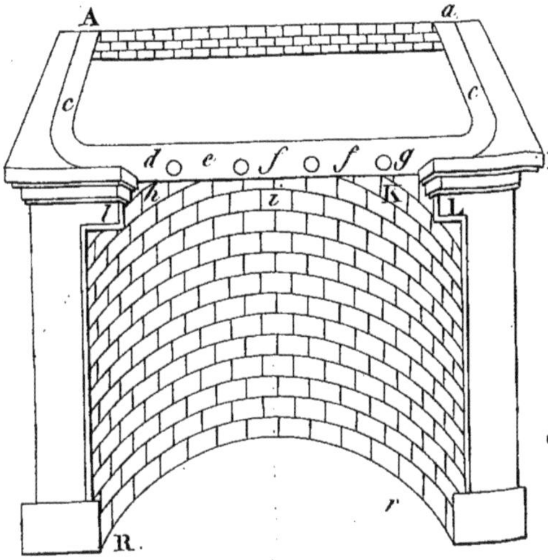

A a c c d e f f g B h i K l L R. r

20

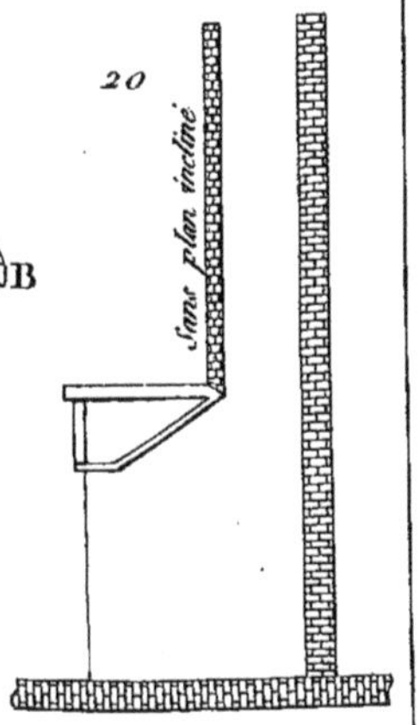

Sans plan incliné

17

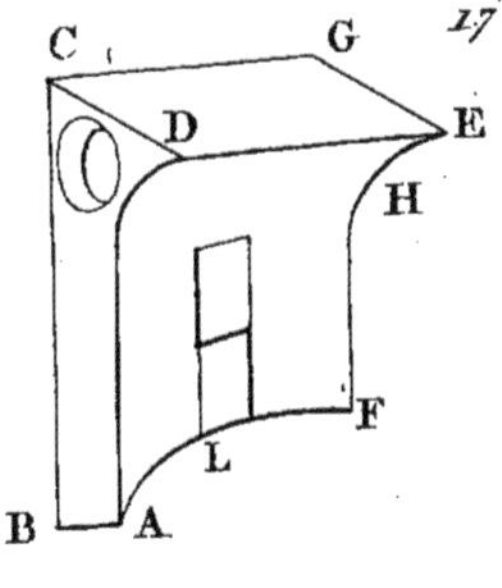

C G D E H L F B A.

16

B C A 7 8 3 4 E D 9 10 2 1 6 5

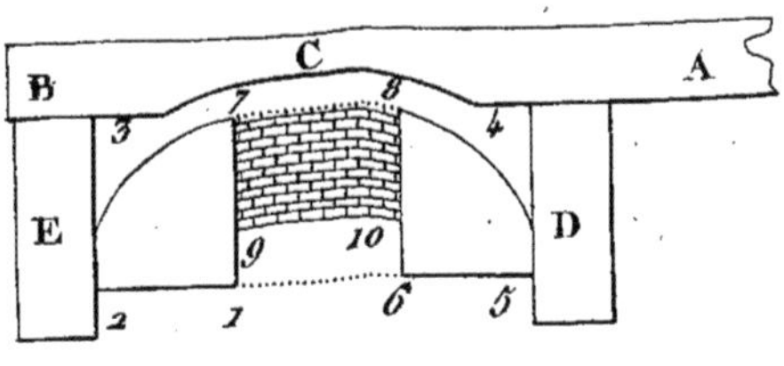

Bonnet Sculp.

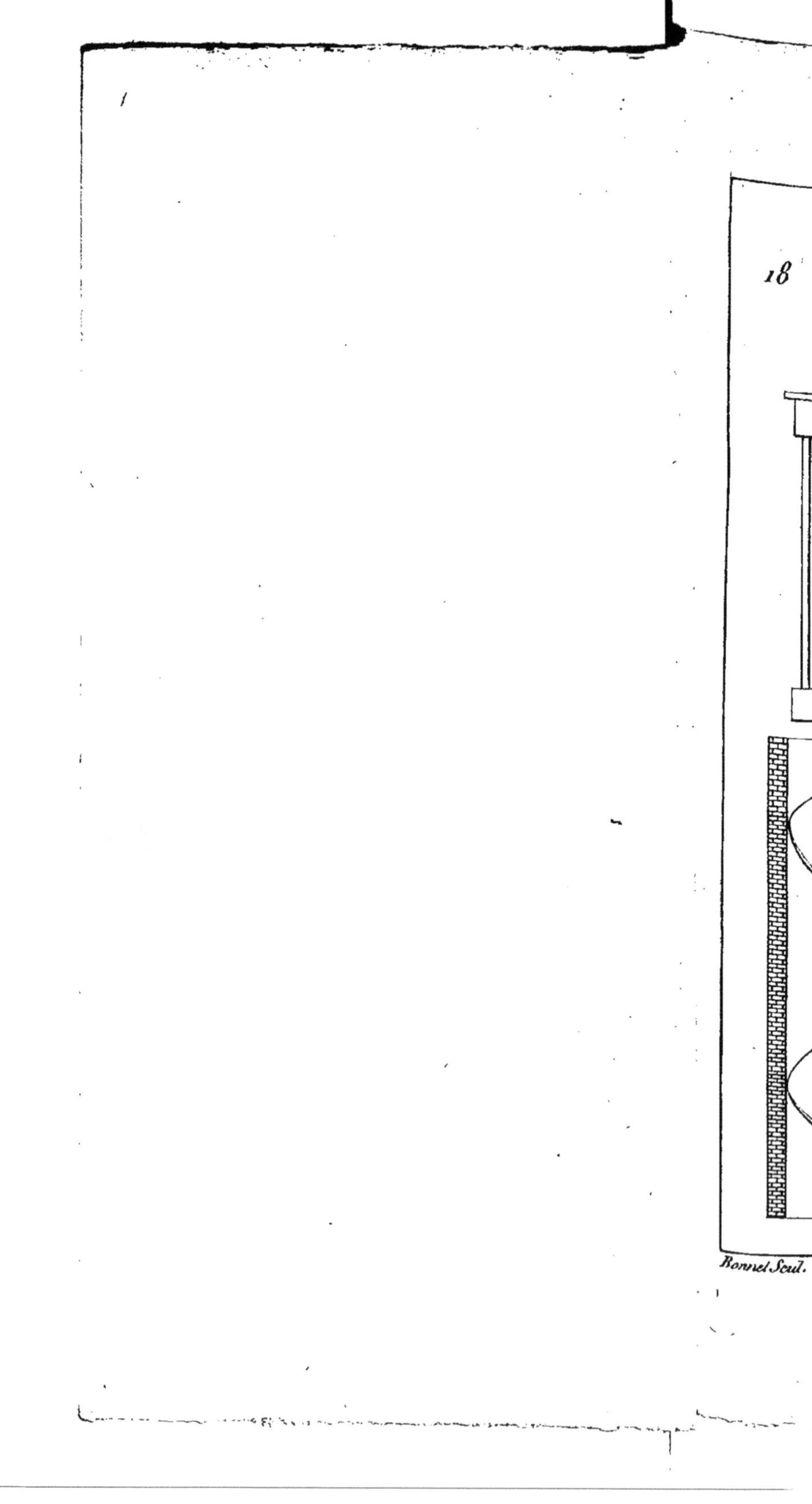
18
Bonnet Sculp.

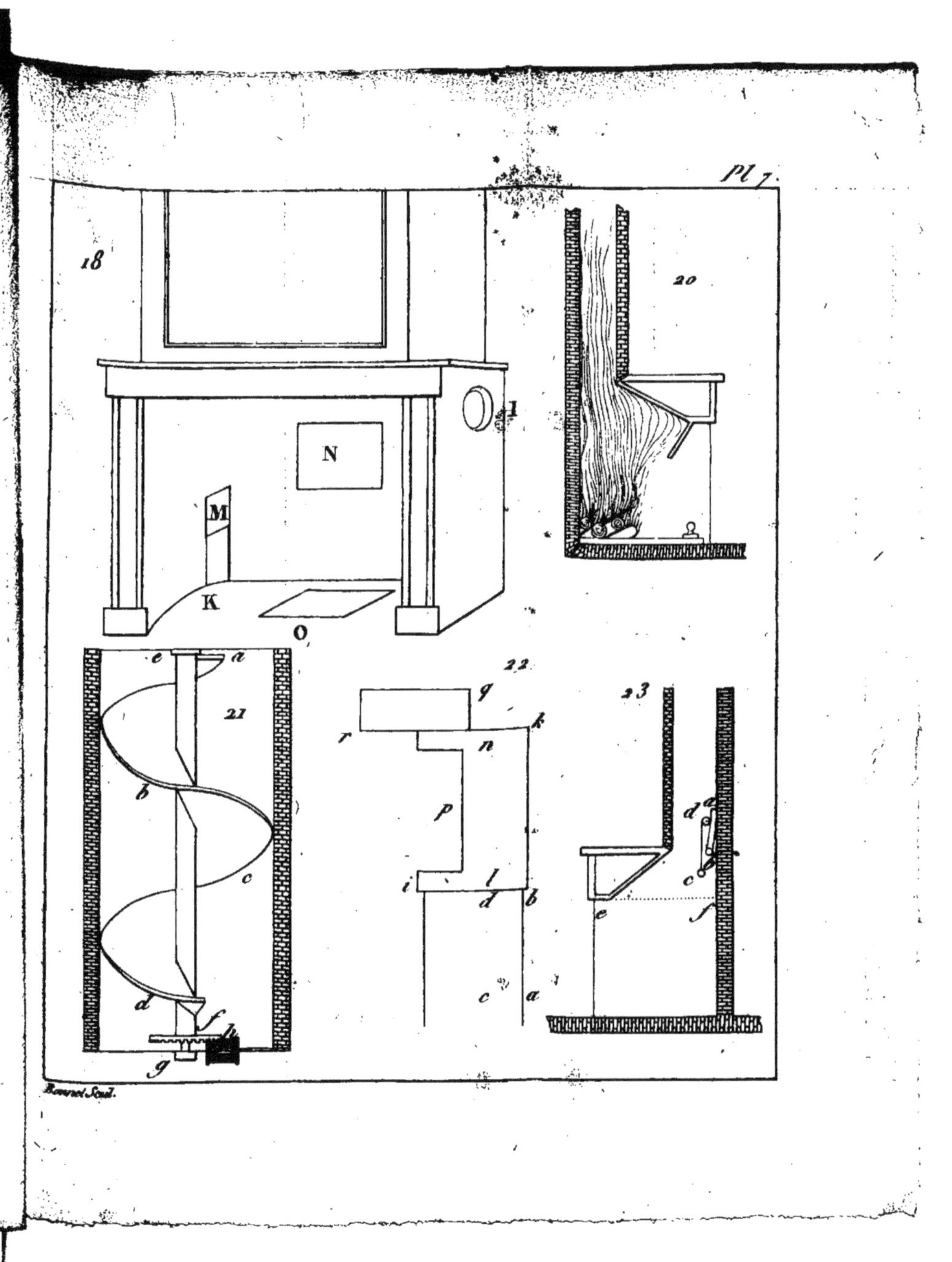
Pl 7.
18
N
M
K
O
20
21
e
a
b
c
d
f
h
g
22
q
r
k
n
p
i
l
d
b
c
a
23
d
a
c
e
f

24

A

B

24 Che
du toit for
25 Comm
en tuyau

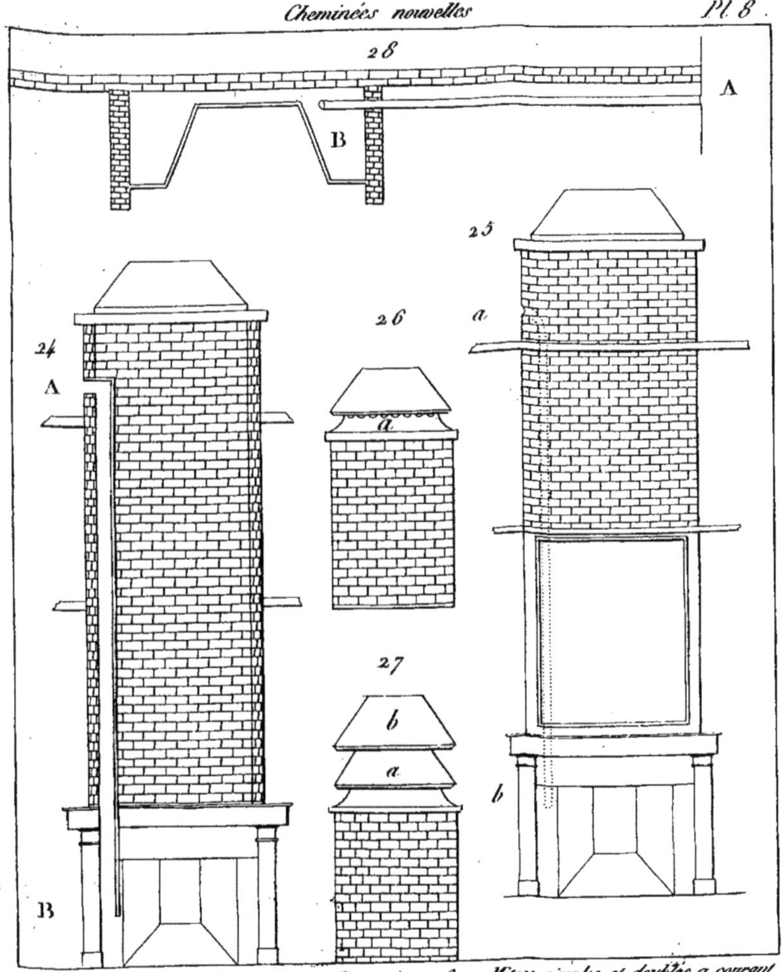

24 Cheminée à ventouse, prise au dessus du toit formée avec des languettes de plâtre.
25 Comme la précédente mais la ventouse est en tuyaux de graie.

26, 27, Mitres simples et doubles à courant d'air.
28 Ventouse sous le plancher.

Lavande. — Cette plante ligneuse a une variété à larges feuilles, appelée *aspic* et *nard*, à feuilles persistantes, et qui fleurit en juillet.

Toutes deux aiment une terre légère et chaude, et se multiplient rarement de graines semées au printemps, mais plus ordinairement d'éclats de pieds, au printemps et au mois de septembre. On les enfonce assez profondément en terre, pour mieux assurer la reprise, et si l'on cultive en bordures cette plante aromatique, on ne doit pas négliger de refaire les bordures, tous les trois ans.

La lavande réussit assez facilement au moyen de boutures sur couches chaudes; on la met en pleine terre, après la parfaite reprise des boutures.

Piment. — Confits au vinaigre, les fruits du piment sont très-recherchés et très-estimés de tous les habitans des pays méridionaux et des colonies; mais il faut y être accoutumé, pour en supporter la saveur piquante, qui brûle le palais.

Cette plante annuelle est aussi connue sous le nom de piment cerise, de poivre long, de poivron, de corail des jardins, de poivre d'Inde, de Guinée et du Brésil. On en cultive plusieurs variétés, dont les principales sont : le piment ordinaire; le rond; le gros doux d'Espagne, tous trois à fruits rouges, et le piment tomate doux, et ayant la forme d'une pomme d'amour.

Dans les environs de Paris, on sème les pimens sur couches, en février ou en mars, pour les repiquer, en mai, dans une bonne terre, à

www.ingramcontent.com/pod-product-compliance
Ingram Content Group UK Ltd.
Pitfield, Milton Keynes, MK11 3LW, UK
UKHW022102190726
13855UKWH00002B/588

9 782013 056946